시로 읽는 성공 다이어트 에세이

미친 사회에
느리게 걷기

미친 사회에 느리게 걷기

초판인쇄 2017년 1월 20일
초판발행 2017년 1월 25일

지 은 이 김용원
펴 낸 이 오세형

마 케 팅 유인철 노광민
디 자 인 선우

제작지원 TOPIK KOREA

펴 낸 곳 (주)도서출판 참
출판등록 2014년 10월 12일
등록번호 제319-2014-52호
주   소 서울시 동작구 사당로 188
전   화 도서 내용 문의 (02) 3477-8838
              도서 주문 문의 (02) 595-5746
팩   스 (02) 595-5749
블 로 그 http://blog.naver.com/passtopik
이 메 일 topikkorea@naver.com

ISBN   979-11-958836-2-2 03320

시로 읽는 성공 다이어트 에세이

미친
사회에
느리게
걷기

/

김용원 지음

도서출판 참

〈헛 똑똑이〉라는 말이 있다. 겉만 똑똑한 채 하지만 실속이 없음을 이르는 말이다. 현대를 살아가는 우리가 놓치고 있는 중요한 것 중의 하나는 걷는 일이다. 원래 걸어 다니는 존재인 호모 에렉투스Homo Erectus는 발달된 문명의 이기로 인해 도리어 걷는 일로부터 점차 멀어지면서 자신의 존재를 위협받고 있다. 인간에게는 바쁨도 필요하지만 느림과 고독도 삶을 살찌우는 자양분임을 알아야 한다. 교통과 통신의 발달은 걷기를 기피하는 불행한 현상을 가속화 시키고 있다. 직립하는 인간은 눕거나 앉는 것이 아니라 두 발로 걸을 때 정신과 육체의 건강과 균형을 이루어 온전한 존재로 살아갈 수가 있다. 걷기는 사람이 선택할 수 있는 가장 쉽고도 인간적인 활동이고, 에너지를 충전시키는 도구다.

걷는다는 일이 실패한 한 인간을 교양있는 성숙한 사회인으로 다시 태어나게 한다는 것은 쇠이유Seuil의 기적이 잘 설명해 주고 있다. 프랑스의 교화단체인 쇠이유Seuil는 산티아고 순례길을 걸으며 절망 가운데서 온전한 회복을 경험한 베르나르 올리비에에 의해 설립되었다. 이 단체는 청소년 범죄자를 대상으로 한 독특한 교화 프로그램을 실시하여 세간의 주목을 받고 있다. 이 단체의 교육 프로그램에는 프랑스의 청소년 소년원에 수감된 15세~18세의 청소년 범죄자가 성인 동행자와 함께 언어가 다른 외국에서 3개월 동안 2,000km 이상 걸으면 석방을 허가하는 것이 포함되어 있다. 일반 범죄자의 재범률이 85%인데 비해 쇠이유Seuil 프로그램을 이수한 소년범의 재범률은 15%에 불과하다고 한다. 걷기가 죄인을 구원하는 구세주와 같은 역할을 하고 있는 것이다.

걷기가 이렇게 사람에게 좋다면 우리는 어떻게 해야 하는가? 직장을 그만두고 하던 일을 몇 달 씩 혹은 몇 년씩 접고 걷기에 매진해야만 하는 것일까? 영화 〈Wild〉에 나오는 주인공 것처럼 망가진 주인공이 자신의 인생을 둘러메고 멕시코 국경에서 캐나다 국경에 이르는 태평양 종주여행길PCT : The Pacific Crest Trail이라도 걸어야 하는가. 아니면 누구처럼 실크로드를 따라 몇 년씩 걸러서 그 길을 걸어야만 할까.

현대사회에서는 어느 산업 분야를 불문하고 미래의 아이콘은 당연히 편리함과 속도라고 입을 모은다. 우리나라를 처음 방문한 사람들은 저마다 우리 사회의 활력Vitality을 보고 놀란다. 하지만 몇 번이라도 더 방문한 다음에는 거꾸로 깊은 우려와 함께 혹평을 해댄다. 한마디로 한국은 〈미친사회 crazy society〉라는 것이다. 일중독에 걸린 사람들처럼 쉬지 않고 일하고, 계속 술을 마셔대며 부와 권력과 명예와 같은 동시대의 세속적인 성취 기준을 향해 죽어라 달음질을 치고 있다고 한다.

만일 이 대오에서 낙오가 되면 가차 없이 대열에서 열외를 시킨 후 패배자의 낙인을 찍어 버리는 숨 막히는 이런 사회에서 살아가는 사람들이 불쌍하다고 말한다. 〈빨리 빨리〉로 대변되는 한국 사회에서 일과 직장 그리고 가정을 내팽개쳐 두고 나만을 위한 것으로 보이는 한가한 걷기의 여정을 떠난다는 것은 이기적이고도 비겁하게 보인다. 그래서 생사가 걸린 특별한 계기가 없는 한 이런 시도를 한다는 자체가 불가능한 일이다.

　서구의 경우에도 걷기의 중요성을 인식하기 시작한 것은 1970년대부터이다. 그 때부터 사람들은 산을 자주 찾고, 직장에 갈 때도 대중교통을 이용하며 엘리베이터 대신 계단을 이용하는 그런 변화가 있었다. 우리나라의 경우에는 2000년도부터 전국적으로 걷기 붐이 일어났다. 한 달에 적어도 한 번 이상은 산을 가거나 트레킹 코스를 걷겠다는 사람들의 숫자가 점차 늘어나고 있다.

　우리는 걷기 위해 다니고 있는 직장을 떠나거나 할 수 없다. 직장에 나가고 가정을 돌보는 가운데서 걷는 방법을 강구해야만 한다. 잘 알려진 제주 올레길이나, 지리산 둘레길 같은 것이 아니라 하더라도 누구나 자기가 살고 있는 집 주변을 둘러보면 걷기 코스가 만들어져 있다는 것을 알게 된다. 주말이나, 공휴일, 휴가 때를 이용해서 그 길을 걷는 것이다. 그런 점에서 이 책은 일상생활을 하면서 걷기로 다이어트를 하고자 하는 사람들에게 유용하다.

다비드 르 브르통은 "걷는 사람은 모든 것을 다 받아들이고 모든 것과 다 손잡을 수 있는 마음으로 세상의 구불구불한 길을, 그리고 자기 자신의 내면의 길을 더듬어 간다." 고 말했다.

나는 이 말에 동의한다. 이 말을 직접 내 몸으로 체험하였기 때문이다. 우리는 이제 달리는 맹수가 되지 말고 느리고 외로워 보이는 달팽이가 되어야 한다. 달팽이의 고행에 가까운 느림을 보면 지겹거나 답답하다고 생각될 때가 많지만 달팽이의 느림이 우리들의 가슴에 남아 있는 무한한 가능성과 잠재력을 발견하고 깨닫게 해 줄 것이다. 스트레스를 이기느라 많이 먹어서 몸이 무겁고 우울한가? 아니면 잘못 살아온 인생으로 인해 자신을 경멸하고 자학하고 싶은가. 만일 그렇다면 지금 즉시 집 주변에 있는 걷기에 좋은 길들을 선택해서 걷기 시작하라. 그 이후에는 두 발이 스스로 그대를 지금까지 가보지 못한 세상의 더 높은 경지까지 데려다 줄 것이다.

차례

1. 걷기 전에 알아야 할 것들 ·· 11

2. 다이어트는 결국 멘탈의 문제다 ····································· 31

3. 잘못된 습관과의 결별 ·· 41

4. 길을 걸을 때 알아야 할 것들 ·· 63

5. 더 많이 걷는 방법 ·· 95

6. 걸으면서 배우는 것 ··· 111

7. 걸으면서 얻게 되는 보너스들 ····································· 141

8. 걷기보다 더 중요한 음식 문제 ··································· 165

9. 다이어트의 마지막 남은 과제들 ································· 191

1년의 기록 - 김용원의 다이어트 성공기 ···················· 201

에필로그 ··· 210

참고문헌 ··· 212

1

/

걷기 전에 알아야 할 것들

느리게 걷기 #1

/

"세상의 가치 있는 일 중에서 쉽게 되는 일은 없다."

누군가 지금 그대를 지켜보고 있다

아무도 홀로인 사람은 없다. 사람은 누구나 주변 사람들과 관계를 맺으며 살아가고 있다. 나는 대학 때부터 알고 지내던 선배를 최근 만난 적이 있다. 저녁 식사하는 자리에서 그 선배는 오랜만에 만난 나를 유심히 살펴보더니만 자신의 눈을 의심하는 듯 고개를 갸우뚱 거리는 것이었다. 살이 많이 찌고 몸의 형태가 변해서 선배는 나의 모습을 보고 적잖게 놀란 모양이었다. 선배가 나를 보자마자 불쑥 말을 던졌다.

"야! 너 그 모습이 뭐니? 너답지 못하다"

대수롭지 않은 몇 마디의 말이었지만 그 선배의 말은 충격이었다. 선배의 말대로라면 과거에 나다운 무언가가 있었다는 말이 되는데 그것이 도대체 무엇이란 말인가? 나는 과거에 어떤 사람이었기에 선배가 저런 말을 던지는가 하는 이런저런 생각들이 머리를 스쳤다.

과거를 되돌아보면 대학교 다닐 때와 학창생활 그 이후 나의 몸무게는 큰 변동을 보이지 않았다. 몸무게는 대체로 55kg을 유지했었다. 몸의 두께는 얇았으며 호리호리하고 눈매가 매서워 여자 여럿 울리겠다고들 했다.

그러다가 학교를 마치고 군대를 가게 되었다. 당시는 민주화를 요구하는 시위가 많을 때여서 육군 수사정보 병과를 받았던 나는 논산에서 갑자기 컴퓨터 추첨을 통해서 시위를 진압하는 전투경찰로 차출이 되었다. 기억을

되돌려보면 데모를 막다가 지쳐 부대로 돌아오면 늦은 밤이나 새벽시간이었다. 그런 날에는 경찰청에서 관례적으로 부대로 돼지 2마리 등을 보내주곤 했다.

시위를 진압하느라 스트레스가 쌓인 대원들은 돼지고기와 막걸리를 먹으면서 시위에 응어리진 속을 풀어야만 했다. 종종 데모를 막고 지쳐 돌아온 새벽에도 막걸리와 고기를 삶아 먹고 잠자리에 드는 경우가 많았는데 그러다보니 전투경찰 생활 3년을 마치고 부대를 떠나올 때쯤에는 살이 엄청나게 쪄 있었다.

그 이후 사회에 나와 직장 생활을 하느라 시달리면서부터 한 번 찐 살은 점점 불어나기만 했지 쉽사리 빠지지는 않았다. 어느새 몸무게는 90kg까지 육박했다. 키 172㎝에 몸무게가 그렇게 나가니 둔해지고 뒷골이 당겼다. 그러던 중에 나는 그 선배를 만나 핵폭탄 같은 말을 들었던 것이다.

자존심이 강하던 나는 살아오면서 누구로부터도 그런 심한 이야기를 들어 보지 못했다. 살아오면서 아무도 내 자존심을 건드리지 않았으며 특히 나를 모욕하는 것에 가까운 말은 처음이었다. 그 선배의 말은 그동안 내 삶이 방탕과 무절제와 계획 없이 살아온 것에 대한 반성을 요구하는 것이어서 나는 스스로 자신에게 실망해야만 했다. 그 날 집으로 돌아온 이후에도 그 선배의 말은 내 머리 속을 떠나지 않았다. 정말 나를 아껴주는 고마운 선배였다. 나를 알아주는 사람! 나는 그 선배의 기대에 어긋나지 않기 위해서라도 살을 빼야만 하겠다고 결심했다.

어느 노老권사님의 조언

어디 그 뿐인가. 나는 교회에서 권사님 한 분을 만났는데 그 분은 나를 부르더니만 내 배를 자꾸만 쳐다보는 것이다. 그러면서 내가 안 되어 보였는지 한 말씀 하셨다.

"집사님, 몸이 그게 뭐예요, 관리를 좀 하셔야만 해요. 현미밥을 먹고 나나스키하고 나또를 자주 드세요"

생소한 말이었다. 현미, 나나스키, 나또, …. 선배의 충고를 들은 후여서 그런지 나는 노 권사님의 말씀이 자연스럽게 내 귀에 들어왔다. 그동안 주변에서 수없이 많은 다이어트 식사요법에 대하여 말을 들었지만 그냥 흘러가는 이야기, 나와 아무런 상관이 없는 이야기로만 여겼다. 하지만 이번은 그게 아니었다.

나는 인터넷에서 나나스키와 나또에 대해 검색하고 현미에 대해 이런저런 내용을 알아보려고 애를 썼다. 알고 보니 나나스키는 왜倭, 일본 장아찌라고도 하는 것이었다. 말하자면 일본 참외를 장아찌로 담근 것인데 칼로리가 없고 짜면서도 향이 나고 달콤해서 밥반찬으로는 먹을 만 했다.

나또는 한국식 청국장이었는데 젓가락으로 콩을 집으면 실 같은 것이 묻어 나왔다. 말하자면 콩을 발효시킨 것이었다. 무슨 일이 제대로 되어 갈 때는 이처럼 상대가 나를 위해 들려주는 말을 진지하게 경청하게 되는 모양이었다. 말하자면 경청은 개혁의 시작이었다.

당신은 늘 나에게 와서 무언가를 중얼거렸다
나는 그 말이 무엇이며 당신은 누구인지
당신이 왜 그러는지 알고 싶지도 않았다
그러던 어느 날 당신의 말이 들리기 시작했다
몸짓을 지어 보이는 당신이 보이기 시작했다
당신이 내게 와서 살며시 건네는 말들은
내 가슴에 들어와 잔잔한 파도가 되었다
그동안 나와 당신 사이를 가로 막고 있었던
무관심의 세월을 이제는 잊으며 살고 싶다
사람이 하는 말을 제대로 알아듣기만 해도
세상은 이렇게 쉽고도 평안한 것인데
사람들은 그 많은 세월동안 귀를 틀어막고
자기 말만 하다가 하루를 서둘러 마쳤다
그대가 하는 말이 이제야 들리기 시작했다
나는 걸어가 당신과 둘이서 한 점이 되고 싶다
숨 쉬는 날 동안 당신의 동행이 되고 싶다

(당신의 말이 들리기 시작했다, 전편)

나는 어느새 노^老권사님의 말을 실천에 옮기고 있었다. 현미 한 포를 사고 대형마트에 가서 나또 라는 것을 샀으며 권사님이 알려준 곳으로 나나스키를 주문하여 반찬으로 먹고 있는 것이었다. 나는 그날부터 백미를 먹지 않고 현미를 식사로 대용하기 시작했다. 물론 반찬은 나나스키와 나또를 곁들여 먹었다. 나또를 먹을 때는 조미한 포장된 김과 같이 먹으니 느끼한 맛이 없어서 먹을 만 했다.

내가 현미를 먹게 되자 초등학교 3학년 다니는 어린 늦둥이가 밥맛이 없다고 투정을 했다. 그래서 궁리 끝에 밥솥 한쪽 편은 물에 불린 현미를 나머지는 백미 식으로 나누어 2종류의 밥을 동시에 지었다. 그렇게 하자 흰 밥은 물러지고 변색되어 어린 늦둥이는 밥맛이 별로 없었을 것이다. 그 점에서는 어린 딸아이에게 미안했다. 딸아이에게 현미가 몸에 좋으니 현미를 먹으라고 해도 그것이 잘되지 않았다. 하지만 현미는 밥을 해서 오래 지나도 잘 변하지 않았다.

나는 아침 출근을 할 때 점심으로 현미 몇 덩어리와 나나스키 몇 조각만을 가져와 사람들이 밥을 먹을 때 그것을 펼쳐 놓고 먹었다. 그러니 밥 먹는 것이 번거롭지 않고 시간도 절약되어 좋았다. 이렇듯 간단하게 먹는 것에 익숙해지면서 살이 빠지는 것이다. 이것저것 많은 것들을 준비해서 먹다보면 살이 빠지기는 요원하다. 간단한 식사 방법에 익숙해 질 때, 즉 그것은 먹는 음식에 대한 욕심을 버리고 절제를 하는 것이어서 다이어트에 효과적이다. 음식을 맛이 있어 하거나, 이것저것 골고루 먹는 것은 다이어트에 도

움이 되지 않는다. 퇴근한 후에 장을 보면서 이것저것 많이 사서 요리해 먹을 궁리를 하면 다이어트와는 자연히 거리가 멀어지게 된다.

먹는 것을 간단하게 하고, 걷기를 해서 나는 체중을 점차 줄여 나갔는데 최초 4개월이 지나자 그 효과가 확연히 나타나기 시작했다. 나중에는 몸무게가 90kg에서 75kg으로 줄었으며 허리 사이즈는 39~40inch에서 35inch 줄어들었다. 옷을 줄여 입으니 옷에 맵시가 나오기 시작했다. 이런 나의 모습을 보고 처음에 현미와 나나스키, 나또를 소개했던 권사님은 흐뭇해 하셨으며 내친김에 견과류와 그 밖에 아침에 기상하여 공복에 미지근한 물을 한 컵 마시고 나서 30분쯤 지나 오메가-3 가 들어가 있는 들기름을 한 숟가

락씩을 먹기를 권하기도 하셨다. 또 다른 나를 아끼는 권사님 한 분은 복도에서 나를 만나자 내 손을 꼭 잡으면서 다음과 같이 고마워하셨다.

"집사님은 참 훌륭하신 분이야"

벌써 은퇴를 한 권사님이 막내아들 같은 나에게 이런 칭찬을 해주는 것은 나를 진정 아끼는 가운데에서 해 줄 수 있는 찬사였다. 나는 정말 이런 분들이 내 주변에 있다는 것을 감사하게 생각한다. 다이어트 전후로 해서 나는 가장 최악의 애정 어린 충고의 말과, 가장 훌륭 하다는 찬사를 동시에 들었다. 천당과 지옥을 거닐었던 셈이다. 물론 나의 다이어트 성공은 음식을 먹는 것도 중요하지만 걷는 것이 주된 다이어트 방법이었다. 걷는 것에 대해서는 점차 설명해 나갈 것이다.

누군가 이렇게 주변에서 우리를 관찰하고 있다. 내 몸의 변화와 말씨, 마음의 씀씀이를 유심히 지켜보고 있는 것이다. 내 몸을 내 것이라고 하여 함부로 놀려서는 안 되는 이유이기도 하다. 당신의 주변에서도 많은 사람들이 당신의 몸을 지켜보고 당신이 몸을 잘 관리해 주기를 바라는 이웃이 있다는 것을 잊어서는 안 된다. 늘 조심하면서 관리를 해 나가야 하는 것이 우리들의 몸이다.

다이어트는 한 방에 이루어지지 않는다

무엇이든 한 번에, 그것도 단숨에 되는 것은 없다. 방귀가 잦으면 똥이 나온다는 말은 틀린 말이 아니다. 다이어트도 많은 시간과 노력을 기울여야 비로소 성공의 열매를 맺을 수 있는 것이다.

다이어트에 성공하기 위해서는 운동을 해야 하는데 운동을 하기 위해 줄넘기를 해 보기도 하고 또 언젠가는 목침이 운동에 좋다고 해서 목침 위에 발목을 치거나, 허리에 갖다 대기도 하고, 목에 갖다 대고 머리를 좌우로 돌리며 목 부위를 안마하는 운동을 해 보기도 하였다. 자전거를 타면 좋다고 하여 수 십만 원씩 주고 자전거를 식구 수대로 사고 자전거 레이스 복을 사서 한동안 타고 다니다가 자전거를 도둑을 맞은 뒤로부터는 마치 아무 일도 없었던 것처럼 자전거 타기를 잊어버렸다.

달리기가 좋다고 하여 신발부터 시작해서 조깅 복을 사느라 수 십만 원을 주고 옷을 사서 달리다가 무릎에 무리가 가자 그 뒤로는 그친 적이 있는가 하면 고무밴드가 좋다고 하여 밴드를 사서 잡아당기기도 하다가 재미가 없어 그만 두기도 했다. 이렇듯 다이어트를 위해 어떤 운동이 좋다면 별 짓을 다 해보는 것이 사람의 마음이다.

어디 그뿐인가. 운동과 다이어트에 관한 많은 책들을 사서 읽거나 그냥 방치한 경우도 부지기수다. 그 중에서는 많은 도움이 된 것도 있고 사놓고 읽지 못한 것도 많다. 한근태의 〈몸이 먼저다〉를 통해서는 운동의 실제적인 필요성을 느낄 수 있었으며 미국의 심장병 전문의이자 작가, 그리고 러너였던 조지 쉬언이 쓴 〈달리기와 존재하기〉를 통해서는 운동의 철학적인 면을 알게 되었다.

그는 위대한 산책가로 아일랜드 출신의 소설가 제임스 조이스, 극작가 존 오케이시, 시인 예이츠, 에머슨을 들었고, 에머슨의 경우 직접 사례를 들어 설명했다.

"에머슨의 일기에서 그가 록스베리에서 워체스터까지 40마일을 어떻게 걸어 다녔는지를 설명했다. 그리고 러셀은 25마일을 걸은 뒤 자신이 얼마나 유쾌한 휴식을 취했는지를 글로 썼다."

(쉬언, p130)

조지 쉬언에 따르면 그의 걷기, 나아가 달리기는 인간의 자유를 회복하는 활동이며 제대로 살아가기 위해 달린다는 고백을 했다. 그는 달리는 것은 혼돈을 극복하고 몸과 정신의 질서를 찾아가는 수단이라고 하였다.

이뿐만이 아니다. 음식이 사람의 육체를 건강하게 할 뿐만 아니라 영혼을 고양시킨다는 깨달음을 알게 해 준 엘렌 G. 화잇의 〈좋은 음식 올바른 식사〉를 통해서는 식재료의 중요성을 배울 수 있다. 성서에 보면 우리의 몸은 하나님의 성전이라는 말이 있다. 우리의 몸은 내 마음대로 할 수 있는 듯 생각되지만 내 것이라고 함부로 대해서는 안 된다. 사람의 몸은 창조주의 영혼이 깃들어 살아있는 거룩한 성전이다. 나는 이런 깨달음을 한 권의 책

"우리의 몸은 내 마음대로 할 수 있는 듯 생각되지만 내 것이라고 함부로 대해서는 안 된다. 사람의 몸은 창조주의 영혼이 깃들어 있는 살아있는 거룩한 성전이다."

으로 배울 수 있었으니 얼마나 유익한지 모른다.

이뿐만이 아니다. 다이어트를 결심하게 된 것은 허영과 욕심에 찌든 나 자신의 존재를 스스로 가엾게 여기는 깨달음도 한몫을 했다. 지금껏 내 팔을 내가 흔들고 다니며 나의 생각과 결단으로 살아왔건만 그 결과는 늘 시원찮았으며 갈수록 육체가 노쇠해지고 기름이 차고 녹 쓸어 가는 것에 대한 반성과 한심스러움이 내게 또 다른 삶을 희구하도록 하였다. 또 다른 삶을 살기 위해서 나는 새로운 에너지를 필요로 했으며 그것은 운동과 절제를 통해 내 몸을 새로운 상태로 만들었을 때 가능한 일이었기에 다이어트와 운동을 해야 하겠다는 모진 결심을 하게 되었다.

우리가 다이어트를 하기 위해서 식단을 조절하고 운동을 하는 등 시간과 비용을 들여서 이런저런 여러 가지 시도를 하지만 번번이 실패를 하는 이유는 간단하다. 그것은 사람의 욕심 때문이다. 욕심이 없는 사람이 어디 있을까 마는 그 욕심이라는 것이 과욕에 이를 때에는 분발심을 자극하는 한계를 넘어 한 사람의 인생을 망친다는 것을 잘 안다.

나는 젊은 시절 크게 사업을 하다가 망한 경험이 있다. 다 망해 먹고 고향 어머니 집을 찾았을 때 어둠이 내린 마을 동구 밖까지 나와서 내 손을 잡아 주시며 이제 살았으니 되었다며 욕심만 부리지 않으면 큰 일이 없다고 위로해 주시던 어머니 생각이 난다. 과욕이나 탐욕은 잘 살아온 한 사람의 인생을 한 순간에 송두리째 망치는데 그것은 젊은 사람뿐만 아니라, 나이가 지긋이 들어 세상사 이치를 잘 알 만한 사람도 마찬가지다.

다이어트도 예외가 아니어서 다이어트를 한다면서 자신의 여건을 무시한 금욕에 가까운 무리한 식단과 가혹할 정도의 운동 목표를 설정하여 짧은 기간에 목적을 이루어 보고자 하는 과욕이 다이어트를 망치게 한다.

다이어트에 있어서 음식과 운동 중에 어느 것이 더 중요한 비중을 차지하는가 하고 묻는다면 그것은 당연히 음식이다. 운동을 해서 소비할 수 있는 칼로리의 소모량은 한계가 있기 때문이다. 그리고 운동을 아무리 열심히 한다고 해서 입으로 들어가는 음식을 제한을 하지 않으면 모든 것이 수포로 돌아간다. 그러기에 다이어트에서 음식과 운동이 차지하는 비율에 관해 말하라고 한다면 사람에 따라 각기 다른 수치를 이야기 하겠지만 나는 다이어트에서 음식이 차지하는 비중을 70%정도로 본다.

한 가지 음식만을 섭취하는 원 푸드 다이어트와 같은 지나친 음식 섭취의 제한은 도리어 요요현상을 불러 다이어트를 실패하게 만든다. 운동 역시 무리하고 격한 운동은 부상을 부르고 신체의 노화를 촉진한다. 일이 이 지경에 이르면 다이어트를 하는 일이 고통스럽게 느껴져 다이어트로부터 도망치고자 하는 심리적인 부담감을 느끼게 된다.

세상에 가치 있는 일 중에서 쉽게 되는 일은 없다. 어떤 일을 간절히 원할 때 그것은 급한 현실적인 필요와 구체적인 계획에 따라 추진되어야 한다. 사람들은 흔히 한 방에 세상일이 이루기를 원하지만 그것은 그냥 희망일 뿐이다. 한 방에 갑자기 되는 일은 흔하지 않다. 아니 없다고 생각해도 좋다.

다이어트는 천천히 단계적으로 스텝을 밟아 가는 과정 속에서 이루어져야 한다. 비록 실패하더라도 포기하지 않고 계속 관심을 가지고 꾸준히 그 중심을 이리저리 기웃거리다 보면 좋은 기회가 오는 것이다. 나 역시 다이어트를 위해 그동안 수많은 음식의 자제를 시도했었고 좋다는 운동과, 그와 관련된 관심 분야의 책을 사서 읽는 등의 노력을 기울여 왔다.

먼저 걷기 프로그램 중의 하나를 선택하라

걷는 것이 몸에 좋다고 하여 무작정 걸을 수는 없다. 목표가 있고 수단과 방법이 정해질 때 실행에 옮길 수 있기 때문이다. 걷기로 말하자면 이 세상에는 수많은 걷기 코스들이 있다.

외국에도 히말라야 트레킹 코스라던가 스페인 북부에 있는 예수의 12제자의 무덤을 찾아가는 산티아고 순례 길과 같은 길이 있다. 산티아고 순례 길의 경우 800km인데 하루 20km씩만 걷는다고 하더라도 40일을 걸어야 한다. 산티아고 순례 길은 우리나라에서는 〈The way〉라는 영화로 개봉된 이후 그 길에 관한 10여종의 책과 그 외 많은 걷기 관련 책의 붐을 만들어 내기도 했다.

2015년 국내에 개봉되어 소개되었던 영화 〈Wild〉에 나오는 멕시코 국경에서 캐나다 국경에 이르는 4,285km의 대장정인 태평양 종주여행길PCT : The Pacific Crest Trail과 같은 길들도 있다. 물론 이보다 더 긴 것은 실크로드 12,000km의 대장정인데 사람에 따라서는 몇 년의 계획을 세워서 연차별로 걷기도 하는 그런 길이다.

국내에서 걷기 길로 알려진 것은 해안 절경을 마주하며 걸을 수 있어 유명한 제주 올레길, 지리산 둘레길, 청산도 슬로길, 강릉 바우길, 경기도의 강화 나들길, 김포·고양·파주·연천의 4개시에 걸쳐 조성된 DMZ 평화누리길, 서울에는 북한산 둘레길, 한양도성길이 있고 부산·경주·포항·강릉·고성으로 이어지는 동해안 바닷가를 지나는 해파랑 길 등이 있다. 이런 길들은 〈걷기 여행길 종합안내 포털 koreatrails.or.kr〉과 같은 인터넷 사이트를 참조하면 좋다.

걷기 위해서는 걷기 코스 중에 자신에게 맞는 코스를 하나 선택해야 한다. 걷기 길을 선택할 때 정해진 기준과 같은 것은 없다. 집에서 먼 거리에 있어도 꼭 걷고 싶은 길이라면 훌쩍 떠나서 걸으면 된다. 나처럼 직장에 메인 도시 근로자여서 시간적인 여유가 없다면 집에서 거리가 가깝고 교통적으로 접근하기가 용이한 곳을 찾으면 된다.

나는 경기 북부 지역인 파주에 거주하고 있었기에 이 지역을 중심으로 해서 만들어진 걷기 코스를 택할 수밖에 없었다. 경기 북부에는 다음과 같이 김포, 고양, 파주, 연천의 4개시를 잇는 189km의 〈DMZ 평화누리길〉 12개 코스가 있다.

김포(3구간) : 1코스(염하강철책길), 2코스(조강철책길), 3코스(한강철책길)

고양(2구간) : 1코스(행주나루길), 2코스(킨텍스길)

파주(4구간) : 1코스(출판도시길), 2코스(혜이리길), 3코스(반구정길), 4코스(율곡길)

연천(3구간) : 1코스(고랑포길), 2코스(임진적벽길), 3코스(통일이음길)

나는 파주의 4개 구간과 그 외 김포 · 고양 · 연천의 걷기 구간 중 걷고 싶은 코스를 선택해서 걸었다. 이처럼 무슨 일을 하기 위해서는 그 일을 이루기 위한 도구를 먼저 선택하는 것이 중요하다. 아무튼 걸을 때 자신의 형편과 여건과 지리적인 이점 등을 따져서 용이하고 쉽게 이용할 수 있는 길을 선택해야 한다. 자기가 살고 있는 주변을 조금만 관심을 가지고 둘러보면 걷기 위한 많은 길들이 있음을 알게 될 것이다.

나는 자연스럽게 내가 사는 집에서부터 걸어서 파주의 평화누리길이 시작되는 1코스로 가서 걷기 시작했다. 뿐만 아니라 시간적인 여유가 있을 때는 김포나 고양, 연천의 길들 중에서 특정한 구간을 택해서 부분적으로 걸었다.

예를 들면 김포에서 1코스 염하강철책길 중에서 대명항~덕포진(1.4km), 김포CC~문수산성 남문(3.8km), 3코스 중에서 애기봉전망대~금성초교(4.8km), 고양 1코스 중에서 행주산성~호수공원(11km), 연천 1코스 중에서 고랑포길황포돛배~노곡리(14km)나 학곡리 고인돌~숭의전지(6km), 2코스 임진적벽길 중에서 숭의전지~당포성(2km) 등이다.

2

/

다이어트는 결국 멘탈의 문제다

느리게 걷기 #2

/

"몸을 살리는 것은 정신이다."

도시생활을 하다 보면 결국 살이 찔 수밖에 없다. 생산성과 효율성을 최고의 미덕으로 여기는 기업의 생리 속에서 사람들은 늘 일과 시간에 치여 다니며 차를 타고 이리저리 이동한다. 교통의 발전과 더불어 통신이 비약적인 도약을 하고 있는 오늘날의 사무환경은 어디를 가서도 컴퓨터 하나만 있으면 국내는 물론 세계 모든 곳과 업무처리가 가능한 새로운 노마드 (nomad, 질서에 대항해 자유로운 삶을 사는 사람)의 탄생을 가져왔다.

이 가운데서 실종된 것은 바로 걷기다. 사람은 걸어야 한다. 현생 인류를 명명할 때 흔히 사용되는 호모에렉투스라는 말은 직립하여 보행하는 인간을 지칭하는 말이다. 인간은 두 발로 걸어야 한다. 인간이 짐승과 다른 것은 땅에 네 발을 붙이지 않고, 꼿꼿하게 서서 두 발의 근육으로 땅의 저항을 이기며 걷는다는 것이다. 걷기를 포기하였을 때 인간은 새로운 형태로 진화하게 될 것을 염려하는 사람들이 많다.

미래의 사람들은 머리가 엄청 크고 눈도 귀도 크지만 발은 거의 퇴화되어가는 괴상한 모습으로 진화될지도 모른다. 스티븐 스필버그의 스타워즈에 나오는 E.T의 모습이 이상하지 않다. 그런 의미에서 스필버그는 천재다. 인간은 본래의 자연스런 존재 양식을 잃어버리고 숨 막히는 환경에서 스트레스를 받고 자신을 학대하는 위험에 노출되어 있다.

전철에서 수많은 사람들이 떠밀려다니는 것을 보면서 내가 지금 여기서 왜 이렇게 살아야 하나 하는 의문이 든다. 내가 진정 원하는 삶은 이것이 아닌데 하는 아쉬움도 있다. 그렇다고 지금 내가 속한 직장과 가정을 내 팽개칠 수도 없는 노릇이다.

10월의 어느 가을 단풍이 짙어가는 지리산으로 훌쩍 떠나와 휴천 계곡 주변에 익어가는 계단식 논의 누런 벼와 핏빛으로 물든 단풍, 노랗게 물든 은행나무의 빛깔을 보고 있노라면 절로 감탄사가 터져 나왔다. 서울 올라가서 다시 직장에 나갈 생각을 하니 어쩌면 나는 지금 잘못 살아가고 있다는 생각이 들었다. 이런저런 생각들을 접고 시골로 내려와 살아야 한다고 생각해 보지만 그것을 실천으로 옮기기는 쉽지 않다.

도시에 모여 사는 현대인은 벅찬 업무와 스트레스로 고통을 받고 있다. 감옥과 같이 답답한 일상에 갇힌 사람들은 예민해져서 서로서로의 관계도 원만하고 평화롭게 할 수 없다. 요즘은 방송을 보더라도 늘 영악한 사람들이 나와 자신보다 약한 사람들에게 고통을 주고 이용하고 따돌리며 수틀리면 자신의 뜻을 합리화시키기 위해 고함을 질러대는 막장 드라마가 넘쳐난다. 세상 살기가 힘들어질수록 따뜻하고 훈훈한 미담이 그리운 이때에 영화관마다 때 아닌 스릴러물이 판을 치면서 폭력과 살인을 예사로 자행하는 영화들이 넘쳐난다. 이를 보고 학습한 사람들이 무섭다. 건드리기만 해도 터져 버릴 듯한 시한폭탄들이 째깍거리며 거리를 거칠게 활보하고 있다. 우리들의 마음에는 여유가 없다. 정신없이 어디론가 질주하느라 모두 자신들의 몸을 학대하고 있다.

위기에 몰린 사람들은 잠이나 운동으로 괴로움을 풀기도 하지만 어떤 사람들은 음식을 먹어대거나 술을 마시며 도피를 하기도 한다. 음식과 술로 괴로움을 해결하려고 하는 사람들은 자신이 초래한 최악의 결과로 인해 나

중에 몸을 망치고 인생의 막장으로 내몰리게 된다. 일이 이 지경에 이르게 되면 자신의 삶에 대한 반성과 후회가 먹구름처럼 몰려온다. 그 길로 생의 낙오자가 되던가 아니면 다시 정신을 차려 몸을 추스르던가 해야 한다. 나는 솔직히 말해서 이처럼 삶의 독소가 스멀스멀 내 몸을 감싸고 돌 때 주섬주섬 옷을 챙겨 입고 다시 길을 걷는 방법을 선택한다. 걷는 것으로 인해 당장의 내 고통이 해결되는 것은 아니지만 집을 나서서 걷고 돌아올 때에는 훨씬 홀가분하고 자신감에 차 있다. 머리속에서 집을 짓고 들어 앉아 있던 고통의 응어리들은 두 다리를 힘껏 저어 갈 때에 모두 분해되어 바람에 날려 사라진다. 그리고 기분이 좋아지는 것을 느끼면서 삶의 의욕이 피어나기 시작한다.

주역周易에 보면 잘못을 고치는 군자와 소인의 태도를 설명하는 구절이 있다. 군자표변君子豹變, 소인면혁小人面革이 그것이다. 군자는 자신의 허물을 고칠 때는 표범이 털을 가는 것처럼 신속하고도 확실하게 하지만 소인은 얼굴의 표정만 바꾸는 시늉을 한다는 것이다. 군자표변과 같은 철저한 자기반성과 회개가 없다면 희망 있는 내일을 기대할 수가 없다. 잘못 살아오는 동안 망가진 자신의 몸의 상태를 발견했을 때는 철저하고도 신속한 자기반성과 변화를 주도하는 태도만이 구원이 된다. 그것만이 잘못된 구렁텅이에서 자신을 건져 낼 수 있으며 그런 결심이 없다면 망가져 가는 몸을 회복할 수 없다. 그래서 다소 생소하게 들릴지는 몰라도 다이어트에는 소인의 기교보다는 선이 굵은 담백한 군자의 결단이 필요하다.

나는 감히 다이어트는 철저히 정신적인 것이라는 이야기를 하고 싶다. 그것은 육체적인 운동이거나 어떤 물리적인 노력을 통해서도 어느 정도 이루어질 수는 있는 것이지만 다이어트를 성공하게 만들고, 성공한 다이어트를 지속시키는 것은 결국 멘탈의 문제다. 그러면 어떤 멘탈이냐 하는 것에 의문이 갈 것이다. 나는 자신의 잘못 살아온 인생에 대한 반성과 때로는 그 반성을 넘어서는 증오나 자신에 대한 자학이라도 좋으니 길을 걷기를 권하고 싶다. 쉬는 날 사랑하는 가족을 남겨두고 새벽부터 찬밥을 말아먹고 나와 당일에 10km~20km를 걸어 어둑해지는 겨울 임진강가에 서보면 다리가 아프고 몸이 사시나무 떨리듯 춥다. 내가 왜 고행이 아닌 고행을 하면서 자신의 몸을 자학하는 이런 일을 벌여야 하는가를 생각하면 눈물이 쏟아 질 때도 있다. M. 스캇 펙은 다음과 같이 삶을 정의한다.

> "삶은 고해苦海다. 이것은 삶의 진리 가운데서 가장 위대한 진리다. (석가는 사해四海 가운데서 삶을 가장 큰 고해苦海라고 했다). 그러나 이러한 평범한 진리를 이해하고 받아들일 때 삶은 더 이상 고해苦海가 아니다. 다시 말해 삶이 고통스럽다는 것을 알게 되고 그래서 이를 이해하고 수용하게 되면 삶은 더 이상 고통스럽지 않다. 왜냐하면 비로소 삶의 문제에 대해 그 해답을 스스로 내릴 수 있게 되기 때문이다."
>
> (M. 스캇 펙, p19)

　나는 삶이 고해苦海라는 말을 온몸과 마음으로 체득하며 대자연 속을 걷는 동안 이 난제를 극복할 수 있는 좋은 영감들을 겸손하게 구하는 구도자가 된다. 다이어트의 한 방편으로 걷기 시작하는 것이 자신의 잘못 살아온 삶에 대한 반성이거나 자학에서 비롯된 것이라도 좋다. 오히려 그렇게 자신의 삶에 대한 성찰과 반성 그리고 기도로 시작된 걷기가 성공할 확률도 높고 오래간다. 말하자면 다이어트의 수단으로서의 걷기는 자신의 삶에 대한 뼈저리고 철저한 반성으로부터 시작되지 않으면 성공할 수 없다는 것이 내가 몸소 체험한 바다.

각자에게는 걸어야 하는 저마다의 이유가 있을 것이다. 그것이 나는 무엇인지 모른다. 어떤 이는 취직이라는 진로로 인해 고민에 휩싸일 경우가 있을 것이고, 누구는 배우자와 불화하거나 채무로 인해 빚 독촉에 시달리는 경우도 있을 것이고, 누구는 사랑하는 사람과의 이별로 신음하는 경우도 있을 것이다. 이유가 어떻건 모두 걸으면 해결될 수 있는 것들이다. 걷기전에 한 가지 전제해야 할 일이 있다. 내 앞에 닥친 모든 문제의 원인을 자신에게로 향할 때 문제는 풀리고 그 사람은 발전해 나갈 수 있게 된다. 남이 아닌, 나 자신에게 문제가 있다고 생각을 하고 내 자신의 삶을 관찰하고 반성할 때 다시 태어날 수 있다.

〈DMZ 평화누리길〉 김포 1코스 중 대명항~덕포진 구간을 걸을 때였다. 강화만과 서해바다의 살아있는 싱싱한 갯것들을 구경하고 난 후에 걸어서 덕포진으로 향하였다. 행정구역상으로 김포시 대곶면에 있는 덕포진德浦鎭은 서구열강들이 통상을 구실로 서해로부터 강화만을 거쳐 한양으로 침입해 들어올 수 있는 길목이라는 지정학적인 요충지였기 때문에 늘 몸살을 옳아야 했다. 그래서 병인양요(1866)와 신미양요(1871)때는 격전을 치루었던 곳이다. 이곳이 무너지면 수도 한양이 무너지는 관계로 목숨을 걸고 싸워 미국군과 프랑스군을 격퇴했던 치열한 격전지. 그것이 불과 100여 년 전의 일이다. 분명 이곳은 살기 위해 목숨을 거는 항전을 치루었던 전장戰場이었다. 이런 격전지를 홀로 걸으면 삶의 의욕이 불끈 불끈 생기면서 투지와 영감을 받을 수 있다. 길을 걸어 덕포진에 도착한 그 시각은 날이 저물어 서산으로 넘어가는 아름다운 황혼녘이었다. 서울에서 50km나 떨어진 변방! 그 격렬하던 전장은 사람들의 기억에 잊혀 버렸고 오직 나이 지긋한 노인 부부 한 쌍만이 한가롭게 산책을 하는 모습이 보였다. 나는 집에 가족을 두고 홀로 멀리 이곳까지 떠나와 찬바람 부는 덕포진의 강가를 걸어야 하는 나 자신의 모습을 보고 있었다. 나는 왜 이 시각 이런 변방을 걸어야만 하는 것일까. 왜 이다지도 내 삶은 순탄하지 못해서 해 지는 서해의 포구에서 혼자 서성이고 있는가를 생각할 때면 서글퍼지기도 했다.

집으로 돌아가는 퇴근 무렵

50키로를 달려와 도달한 곳

김포시 양촌면 덕포진

한 때는 외세와 싸워 이긴 격전지

지금 변방의 쓸쓸한 포구에는

산책 나온 노인 부부 두 명뿐

하루를 뜨겁게 달군 불덩이는

포구를 붉게 물들이며 쓰러진다

이양선이 출몰하는 도시의 일상에서

쓰러지지 않기를 다짐하면서

노을이 지는 포구를 걷는다

생이 아름다워지기 위하여

나는 얼마를 더 이렇게 눈물지으며

외로워해야만 하는 것인가

(덕포진, 전편)

아무도 알아주지 않는 찬바람 부는 강가를 걸으면서 나는 내 삶이 얼마나 더 아름다워지려고 이런 방황을 해야만 하는가를 생각하였다. 이렇게 먼 변방의 길에서 홀로 눈물지으며 걷는 시간이 있어야 다시 탄생할 것을 믿었다.

앞서 책 한근태의 〈몸이 먼저다〉를 소개한 일이 있다. 그 책에서는 정신은 몸이 무너지는 순간 함께 무너진다고 쓰고 있다. 그러면서 히딩크 이야기를 들었다(한근태, p47-48). 히딩크는 한국축구가 늘 문전 처리가 미숙해서 기회를 놓치고 전반에 선전을 하고도 후반에 무너져 내리는 것은 정신력은 있으나 체력이 따라주지 못해 빈번히 지는 것이라고 보고 체력강화훈련에 주력하였다. 심지어 프랑스와의 경기에서 5:0으로 지고 5:0 감독이라는 좋지 않은 별명을 얻은 이후에도 그는 세간의 관심에 흔들리지 않았다. 그는 결국 피지컬 트레이닝에 주력을 하였고 그 결과로 4강 신화를 이루어 낸 것을 들고 있다.

다 맞는 말이다. 몸이 무너지면 정신이 무너지지만 몸이 정신과 함께 혼란 속에서 헤매고 있을 때 그 몸을 다시 살려주는 것은 다름 아닌 강한 정신력이다. 다이어트는 철저히 정신의 주관主管하에서 이루어질 수 있다.

3

잘못된 습관과의 결별

느리게 걷기 #3

/

"잠을 자고 일어나면 감쪽같게도 어제의 피로와 번민은
바람결에 사라지고 새날의 새 희망이 생겨난다."

바른생활의 다이어트 효과

　현대인은 일상 생활에서 잘못된 생활 습관에 빠져 있는 경우가 많다. 잘못된 생활 습관을 바로 잡기만 해도 살이 찌지 않는다. 나는 그것을 몸소 실천해 본 적이 있다. 일찍 자고 일찍 일어나기, 야식 안 하고 곱배기 안 먹기 등과 같은 바른생활로만 1년 안에 20kg 감량을 목표로 했는데 한두 달 만에 벌써 7kg이나 감량이 되었다. 하지만 아쉽게도 그 이후에 바른 생활을 계속 이어가지 못하고 그만 둔 기억이 있다. 하지만 이와 같은 잘못된 생활 습관을 바로 잡기만 해도 다이어트를 할 수 있다.

　하루 일과를 마치고 귀가하면 몰려드는 피로와 공허함을 손쉬운 방법으로 해소하고자 하였다. 저녁식사는 물론이고 후식으로 빵과 과자를 먹은 다음 입안을 청소한다는 생각과 더불어 과일은 좀 먹더라도 살이 덜 찔 것이라는 근거 없는 생각으로 감과 사과, 배와 같은 것들을 먹고 속이 비워지지 않은 상태에서 잠을 청하기도 했다. 이 역시 무지와 잘못된 식습관이다. 내가 이렇게 이야기하는 것은 다이어트는 정신의 문제라고 전제를 했기 때문이다. 음식과 생활에 대한 절제가 있어야 하는데 절제라는 미덕은 바로 정신력을 의미한다. 인생에 있어 중요한 것은 아주 많다. 예를 들면 감사, 겸손, 용기, 고난, 인내 등등... 그렇지만 나는 그 중에서도 절제를 제일로 친다. 세계적인 베스트셀러인 성서에서도 절제하지 않는 것을 죄악으로 본다(잠언 21:17).

"연락(宴樂, 잔치를 베풀로 즐김)을 좋아하는 자는 가난하게 되고 술과 기름을 좋아하는 자는 부하게 되지 못하느니라"

나 역시 세상을 살아오면서 이 말이 진실임을 의심하지 않는다. 제한된 물자와 부족한 자신의 능력을 생각할 때 생존을 유지하기 위해서는 절약하는 방법 말고는 별 다른 도리가 없다는 것을 알기 때문이다. 완전하지 못한 인간이 할 수 있는 최대의 미덕은 바로 절제다. 강한 사람은 강한 이유로 인해 더욱 절제를 해야 그 강함을 지켜 나갈 수 있고, 약한 사람은 약하다는 이유 때문에 더욱 절제를 해야 한다. 이처럼 일상생활에 있어 절제는 한마디로 한 존재를 온전하게 지켜주는 미덕 중의 미덕이라고 할 수 있다.

절제! 이것은 신이 창조한 피조물이 이 땅에서 할 수 있는 가장 겸손한 자세다. 절제는 어디에서 오는가? 절제는 자신이 누구인가에 대한 자각과 강한 정신력에서 유래한다. 다이어트를 위한 바른생활은 엄격한 자기 통제를 전제로 한다. 먹기 전에 내가 먹는 음식이 과연 나의 몸을 이롭게 하는 음식으로 섭취해도 좋은지를 한 번 쯤은 생각해 보는 태도, 삶아 먹거나 튀겨 먹는 것 중 어느 것이 좋을지를 생각하는 여유 그리고 섭취해야 할 적절한 음식의 양을 고민하는 사소한 선택들이 모여서 다이어트는 성공하게 된다. 다이어트는 이를 달성하기 위한 뚜렷한 목표의식과 강한 정신력으로 일관되게 추진하는 과정이 필요하다.

다이어트가 성공하면 정신적으로 뿐만 아니라 외면적으로도 옷의 핏이 살아나서 자루와 같은 옷을 걸치고 다니다가 맵시 있는 몸매의 변화를 체험하게 되는 등 다이어트의 의지가 더욱 확고해지는 선순환을 체험하게 된다. 한 유명 의대 교수는 우리가 흔히 갖는 식습관 중 소화흡수에 문제가 되는 음식을 섭취하는 것을 우려한다.

"불행히도 오늘날의 음식들은 몸에 태양에너지를 보충해 주기는커녕 몸에 있는 태양에너지마저 고갈시키고 있다. 태양에너지가 적은 음식은 자연치유력 체계에 에너지를 공급하지 못한다. 심지어 자연 치유력을 방해해 건강을 해치기도 한다. 핫도그, 피자, 햄버거, 칩, 프렌치프라이, 크래커, 아이스크림, 사탕, 청량음료, 쿠키 등은 몸의 에너지를 소모하게 한다. 이런 음식은 스트레스, 알레르기, 불안감, 정신적인 문제, 집중력 장애와 공격성 등 여러 가지 건강상 문제를 일으킨다."

(강길전, p17)

음식을 먹더라도 힐링이 되고 우리의 몸을 자연 치유할 수 있는 음식을 섭취해야 한다. 과일, 생선, 채소, 고구마, 견과류 등 인공 감미료와 색소, 방부제가 들어있지 않는 신선한 음식을 먹어야 한다. 오염되지 않은 자연식품, 좋은 기름을 섭취하는 것, 고기를 적게 먹고 채소를 많이 먹는 것, 식이섬유가 많은 음식을 섭취하는 것, 제철에 나온 토종음식을 먹는 것이 중요하다. 그리고 가능하면 패스트푸드나 방부제와 식품 첨가물이 들어간 음식을 집안으로 들여오지 않는 것이 중요하다. 건물생심이라는 말이 있다.

비만한 사람들의 집에 가 보면 여기저기 빵과 과자, 먹다 남은 패스트푸드 음식이 널브러져 있는 것을 보게 된다. 집안을 돌아다니는 그런 음식들을 보게 되면 사온 정성과 돈이 아까워서라도 먹어 치우게 된다. 얼마 전 세계보건기구에서 가공육을 많이 섭취하면 신체 내에서 화학적인 작용이 나타나 몸에 암을 일으키는 요인이 된다는 경고를 한 바가 있다. 내 아이들이 좋아해서 거의 매일 고기 대용으로 햄을 먹였던 일이 후회가 되었다. 몸에 좋지 않는 음식을 몰아낸 다음 자연식으로 대체하는 것이 좋다.

다이어트를 하는 동안 평소 내 식생활에서 아무런 생각 없이 자주 섭취하는 음식 중에서 자제해야 할 대상들을 표로 정리해서 먹지 않으려고 애를 쓴 일이 있다. 이런 정리를 할 수 있었던 것에는 음식에 관한 책을 읽은 것이 많은 도움이 되었다. 즉, 식생활을 영적인 문제로 보아 식생활과 음식물에 관한 권고를 책으로 엮은 엘렌 G. 화잇 의 〈좋은 음식 올바른 식사〉라든가, 쉽게 사진으로 음식물의 칼로리를 표기해 놓은 〈쉽게 찾는 칼로리 북〉

과 같은 책을 여러 번 정독을 한 연후에 비로소 정리를 할 수 있었다. 내용을 자세히 들여다보면 당시 내가 섭취하는 음식물들의 문제점이 그대로 들어나는 것을 볼 수 있다. 나는 이렇게 정리한 〈혐오음식 리스트〉를 내 책상에 붙여 놓기도 하고 수첩에 메모를 해 놓아 수시로 읽고 먹지 않으려고 애를 썼다.

> 밀가루 음식 : 빵, 과자, 라면,
> 　　　　　　각종 면류
> 간식류 : 과자류, 사탕, 쵸코렛
> 튀기고 볶은 것 : 삼겹살, 치킨,
> 　　　　　　각종 전, 생선튀김
> 탕, 찌개 : 알탕, 돼지찌게, 매운탕
> 주류 음료 : 술, 음료수, 탄산,
> 　　　　　　요구르트, 우유
> 각종 패스트 푸드 음식

위에 정리한 음식들은 당시 내가 좋아해서 주로 먹었고 내 몸을 살찌우고 혈관에 문제를 만들었던 것들이다. 나는 이런 음식들을 먹지 않기 위해 노력했다. 혹시 내 주변에서 누가 이런 음식들을 주면 거절하거나 할 수 없이 받아두어도 나중에 다른 사람에게 주었다. 한 번만, 한 개만 먹으라는 유혹을 이기지 못하면 다이어트의 결심은 약화되고 만다. 다이어트를 하는 기간 동안에는 좀 가혹할 정도로 철저하게 자제할 필요가 있다.

잘못된 음식섭취 습관도 버려야 했다. 이전에는 짬뽕이나 자장면을 먹으면 곱빼기를 아무렇지 않게 시켰다. 내 주변도 곱빼기를 아무렇지도 않은 듯 즐기는 통 큰 사람이 있다. 그 사람은 자장면과 같은 면류뿐만 아니라 밥을 시켜도 한 공기를 더 시켜 먹었다. 그래서 사람들은 그를 보고 〈곱빼기〉라고 불렀다. 식당을 가든지 주문을 해서 시켜 먹든지 항상 그 사람을 배려하는 의미에서 곱빼기를 시켜주었다. 그것이 그에게는 독毒이 되는지도 모르고 사람들은 그를 배려하는 것이라고 생각했다. 그 역시 그런 주변의 배려에 감사하는 듯 했다. 하지만 그것은 해피엔딩으로 끝날 일이 아니었다. 결국 그는 과도한 영양섭취로 인해 발목이 붓는 등 이런저런 질병으로 고생하였다. 주는 사람이나 먹는 사람이나 음식과 건강에 대해 무지했다.

그뿐만이 아니었다. 튀긴 음식을 좋아했다. 식용유에 들어가 있는 고소한 맛을 내는 트랜스 지방이 입맛을 사로잡았기 때문이다. 튀긴 음식은 삶은 음식에 비해 칼로리가 높을 뿐만 아니라, 혈관의 벽에 붙어서 부패시키는 기능을 한다. 이런 사실을 알고 난 이후부터는 튀기는 것 보다 삶아서 섭취하는 방식으로 바꾸려고 애를 썼다. 콜라 같은 것을 시원하다는 핑계로 많이 마셨으며, 라면처럼 짠 국물 있는 것을 좋아했으나 이것들이 다 몸에 좋지 않다는 것을 안 이후로는 섭취하지 않으려 노력하였다. 그리고 중요한 것 한 가지! 무식하면 용감하다는 말처럼 나는 과일은 많이 먹어도 살이 찌지 않는다는 잘못된 생각으로 밥을 먹거나 말거나 제한 없이 과일을 많이 먹었다. 예를 들어 포도 같은 것은 밥을 먹고 나서도 몇 송이 씩 먹고는 했는데 과일도 칼로리가 높다는 것을 알고는 지난날의 무식을 후회하기도 했다. 술도 마찬가지다.

나는 술을 먹지 않지만 혹시 모임에 나갔을 때 "막걸리는 곡차라고 하거나, 포도주 한 잔인데 뭘 그러느냐, 맥주 한 잔은 술도 아니다" 라고 권하는 경우 쉽게 넘어갈 수가 있는데 이것 역시 조심해야 하는 유혹이다. 이런 술을 권하는 유혹에 넘어가 그동안의 노력을 수포로 돌리게 되는 경우가 많기 때문이다. 과일이든 막걸리든 그런 핑계로 쉽게 다이어트의 기준을 완화하는 마음 자세를 가지면 안 된다. 다이어트를 하는데 있어서는 중세시대 이탈리아의 정치가 마키아벨리의 이야기를 경청할 필요가 있다.

> "군주는 '짜다' 는 평판을 두려워하지 말아야 한다. 왜냐하면 이 '악덕' 은 자기 금고를 바닥내는 일이 없고, 그렇다고 약탈자가 되지도 않으며, 그러면서도 통치를 계속해 나가는데 필요한 '악덕' 이기 때문이다."
>
> (시오노 나나미, p57)

그는 군주는 다소 인색하고 깐깐하다는 평을 듣더라도 오히려 그 편이 낫다고 했다. 그것이 자신을 포함해서 다른 사람들에게 해를 끼치지 않기 때문이라고 했다. 이 말은 다이어트를 하는 사람들에게 꼭 필요한 말이다. 좀 엄격하고 깐깐하게 자신과 타인을 대할 필요가 있다. 다이어트와 관련한 규칙의 적용에 있어서만은 말이다.

음식의 종류를 제한하는 것 못지않게 먹는 시간을 제한하는 것 역시 중요하다. 예를 들면 저녁에는 야식을 하지 않는다는 규칙! 밖에 나가 일을 마치고 집에 들어오면 속이 출출하고 마음이 풀어지면서 낮에 밖에서 구속당했

"먹기 전에 내가 먹는 음식이 과연 나의 몸을 이롭게 하는 음식으로 섭취해도 좋은지를 한 번 쯤은 생각해 보는 태도, 삶아 먹거나 튀겨 먹는 것 중 어느 것이 좋을런지를 생각하는 여유 그리고 섭취해야 할 적절한 음식의 양을 고민하는 사소한 선택들이 모여서 다이어트는 성공하게 된다."

던 자신을 위로해 주려는 유혹에 빠지게 된다. 저녁을 일찍 먹고는 동네를 1시간 정도 바람을 쐬면서 걸어 다니는 것이 좋다. 저녁을 먹고 무거워진 몸이 가벼워지고 머리가 맑아지면서 몸이 노곤해진다. 이 때 몸을 씻고 잠자리에 누워 책을 보면서 잠을 청한다면 잠도 잘 오고 야식을 하지 않게 되어서 좋다. 잠만큼 정직한 것도 없다. 일찍 자면 아침에 일찍 일어나게 되어 있다. 다른 요행을 바라면 그것은 스스로를 기망하는 것이다. 아침에 일찍 눈을 떠서 산책을 하거나 방안에서 체조를 하든가 TV를 보면서 자전거를 타면 좋을 것이다.

그리고 저녁에는 되도록 약속을 잡지 않아야 한다. 아무래도 저녁에 약속을 잡고 사람을 만나 외식을 하게 되면 과식을 하고 술을 먹게 되어 단순했던 생활패턴이 깨진다. 장수의 비결이 단순하고 규칙적인 생활에 있다는 것은 모두가 다 아는 일이다. 국내 100세 장수인의 3가지 공통점을 조사한 바에 의하면 그 비결은 항상 몸을 움직이는 운동, 규칙적인 생활, 남과 잘 어울리기로 밝혀졌다(박상철, p24~25).

장수를 위한 유전적인 요인은 30% 정도 밖에 안된다고 한다. 나머지는 운동과 규칙적인 생활과 잘 어울리기였다. 여기서 규칙적인 생활이 강조되고 있다. 〈규칙적〉이라면 주로 음식섭취에 있어서의 규칙적인 생활을 의미한다. 쌀과 같은 식물성 식품을 주로 먹고 채소를 먹을 때 삶거나 데쳐 먹는 식이었다. 육류의 경우 적게 먹고 먹더라도 구워먹기 보다는 국이나 탕, 찌개, 조림의 형태로 먹는 것으로 조사되었다.

낮에 간식을 먹었으면 저녁에는 그만큼 먹는 양을 줄였고 끼니를 거르지 않고 배의 80%만을 채우는 규칙을 실천하고 있었다. 이러니 저절로 다이어 트가 되고 수명이 길어질 수밖에 없다.

성공한 다이어트를 유지하는 비결 역시 이런 사소한 생활 태도를 엄정하게 지켜 나가는 데 있다. 나는 이럴 때 칸트의 변함없는 규칙적인 생활이 필요하다고 생각한다. 칸트의 일관성 있는 생활태도는 다이어트를 하려는 많은 사람들의 귀감이 된다. 칸트는 늘 7시간의 잠을 잤다. 충분한 잠은 다이어트를 위한 보약이다. 충분한 휴식과 흐트러진 몸의 질서를 바로 잡아 규모 있고 규칙적인 생활을 할 수 있는 기초가 되기 때문이다. 나는 음식의 유혹, 죄를 지을 유혹이 있을 때 잠자는 편을 택해 고요 속에 내 몸을 누임으로써 내 생활을 지킨다. 잠은 내가 창조주 다음으로 신뢰하는 친구다. 잠은 우리를 지키는 성城이기도 하다.

"칸트는 날이 추운 겨울이던 여름이던 정확하게 아침 5시에 기상을 했으며 진한 홍차를 2잔을 마셨으며 커피와 맥주는 건강상 좋지 않다는 이유로 한 방울도 입에 대지 않았다. 기상을 해서 7시까지는 강의 준비를 했으며, 점심 식사 후에는 늘 산책을 빠지지 않고 하였다. 그가 가는 산책의 목적지는 수려한 경관으로 유명한 프리드리히스부르크Friedrichsburg 성城이었다. 그가 그 성으로 가는 길은 "철학자의 돌담길"로 명명 되었으며, 그는 이 길을 걸으면서 떠오르는 생각들을 늘 메모하였다. 이 시기에 그는 순수이성비판을 구상하였다."

(서정욱, p195~198).

다이어트가 성공하기 위해서는 일관성이 있는 태도와 자세, 규칙적인 바른 생활이 필요하다.

다이어트에는 잠이 중요하다

앞에서 잠에 관한 이야기를 잠시 한 바 있다. 다이어트를 하는데 간과하기 쉬운 것이 잠이다. 다이어트를 이야기하다가 왜 갑자기 잠에 대한 이야기를 꺼내는지 의아해하는 사람들이 많을 것이다. 수면은 인간의 삶과 분리할 수 없을 만큼 절대적으로 중요하다. 사람은 하루 24시간을 사는 존재다. 이중 잠자는 시간과 깨어있는 시간을 반복하는 것이 우리 삶의 리듬이며 하루 7~8시간을 적정한 수면이라고 보면 하루 24시간의 1/3을 잠을 자는 데 할애하는 것이니만큼 그 비중은 크다. 사람에 따라 주장하는 비율이 다르지만 대체적으로 잠은 하루 컨디션의 70~80%를 좌우하게 된다고 말해도 이의를 제기하는 사람이 없을 것이다.

잠은 잠으로 소비되고 없어지는 것이 아니라, 지친 삶을 회복하고 중추신경의 항상성을 회복하여 인간 생존을 지속하게 하는 절대적으로 중요한 활동이다.

"하버드대에서 마이크 샌델의 〈정의〉, 예일대의 셸리 케이건 교수의 〈죽음〉과 더불어 아이비리그 3대 명강 중의 하나인 탈 벤 샤하르 교수의 〈행복론〉 강의의 핵심에도 잠이 있다. 그는 행복해 지려면 하루에 7~9시간의 잠을 자라고 충고한다. 사람들은 잠을 자는 것을 생산 활동을 멈춘 것으로 보지만 실은 더 생산적이고 행복한 사람이 되기 위해 충전을 하는 과정이 라고 말한다."

(중앙일보 2015.10.29. 일자 26면)

이러한 잠의 중요성은 다이어트에 있어서도 예외가 아니다. 힘든 세상을 살아가는 방법에는 여러 가지가 있을 수 있다. 그 중에서 나는 거친 세상을 건너는 방법으로 3가지를 들고 싶다. 그것은 성실하고자 하는 인간의 노력 과 부족한 인간을 용서하려는 신의 은총과 영육이 이 땅에서 매일 지칠 때 힘을 다시 공급해 주는 수면睡眠이라고 생각한다. 나는 이 3가지에 의지해 서 세상을 살아간다. 어떤 어려움이 있어도 이 3가지에 의지하면 다 이해하 고 극복할 수 있다. 세상이 아무리 사람을 힘들게 하여도 고단한 몸을 누이 고 잠을 자고 나면 사람들은 다시 태어난다. 수면 전문의로 8년간 활동하며 3만 명의 비만 환자를 치료하였고 수면 다이어트라는 책을 쓴 일본의 사토 게이코는 그 비밀을 잘 설명해 준다.

"사람이 잠을 자는 동안 성장호르몬을 분비하는데 성장호르몬은 2가지 역 할을 한다. 하나는 피곤한 몸을 본래 상태로 되돌리는 말하자면 안티에이 징 역할을 한다. 수면을 잘할수록 몸은 성장호르몬으로 채워진다. 그러므 로 깊은 수면을 한 다음 날 아침은 피로도 풀리고 피부도 좋아지며 몸도 젊 어진다. 성장호르몬은 한가지 더 중요한 작용을 한다. 그것이 다이어트 효과이다. 올바른 수면을 하기만 해도 매일 밤 300kcal를 소비할 수 있는데 이것은 바로 성장호르몬의 작용 때문이다."

(사토게이코, p20)

적정 수면을 취하기만 하면 매일 밤 300kcal를 소모하게 되는데 이것은 밥으로 치자면 생선초밥 10개(150g), 쌀밥(210g) 한 그릇에 해당하고 탕으로 치자면 대구탕(700g) 한 그릇, 동태찌개(700g) 한 그릇을 섭취했을 때 얻을 수 있는 칼로리를 매일 밤 잠을 잘 때 소비하게 된다는 것이다.

사물의 본질을 누구보다 빠른 직관으로 느끼는 시인들은 잠이 피곤에 지친 인간의 영육을 다시 건강하게 일깨워 주는 신비의 명약이라는 것을 누구보다 먼저 알고 있었다. 살다보면 과도하게 육체적으로 소진되거나 사람들과의 관계에서 어려움을 겪고 괴로워하는 날들이 많다. 이러한 괴로움은 사람으로 하여금 많은 에너지를 소모하게 만들며, 자신이 원하는 자유롭고 창조적인 삶을 살 수 없게 만드는 족쇄가 된다.

이럴 경우 취할 수 있는 방법은 여러 가지가 있는데 술과 도박을 하거나 아니면 음식을 먹어치우거나 폭력을 일삼는 등 부정적인 방법으로 대응하는 것이다. 하지만 정신이 제대로 된 사람이라면 적절한 운동을 하거나 잠을 자는 방법을 선택하게 된다. 잠을 자고 일어나면 감쪽같게도 어제의 피로와 번민은 바람결에 사라지고 새날의 새 희망이 생겨난다. 인생은 짧게 보거나 결코 성급하게 판단할 것이 아닌 마치 마라톤과 같은 것이어서 오래 살고 볼 일이라고 스스로 위안하게 된다. 시인들은 과학적인 근거 없이도 직관적으로 그런 놀라운 생의 비밀들을 알아내는 신의 속성을 가진 부류들이다.

그 사람과 싸우고 돌아오던 날

분하고 시린 가슴을 억누르고

잠을 자며 그를 지운 일은 잘한 일이다

눈을 뜨면 세상은 늘 새로운 풍경

어제와는 사뭇 또 다른 바람이 불어와

어제 나의 고민은 헛것 이었고

쓸모없을 집착이었음을 알게한다

살수록 사는 일은 늘 경이롭고

감사해야 할 일들 뿐이다

눈을 떠서 새롭게 맞는 아침만큼이나

우리들의 과오는 또다시 용납된다

오늘이 힘들어 상심할지라도

나를 깨울 아침을 기다리자

기다리는 것도 승리의 하나인 것을

그대, 오늘이 힘들면 오늘만 지우라

난장이었던 어제의 흔적으로

내일까지 망칠 수는 없기 때문이다

(그대 오늘만 지우라, 전편)

그런데 정작 이렇게 좋은 잠을 현대인들은 잘 자지 못한다는 데 문제가 있다. 수면부족은 계속 증가되어 왔고 시간이 흐를수록 더 그럴 것이다. 수면 시간이 부족하면 부족할수록 여러 가지 인체에 문제가 발생하기 때문에 수면의 중요성은 그만큼 더 증가할 수밖에 없다. 건강한 성인이 하루에 자야할 적절한 수면의 양은 얼마나 되어야 할까. 얼마를 어떤 식으로 잘 때 가장 몸에 좋은 효과적인 수면이 되는가, 양질의 잠을 청하기 위해 필요한 것은 무엇인가 하는 것들이 의문이 된다.

최근에 황문현 플로리다 대학교University of Florida 교수 외 4명이 연구한 〈수면부족이 성인의 신체활동량과 비만, 혈중지질과의 관계분석〉에 따르면 재미있는 결과를 발견할 수 있다. 20세 이상 65세 미만의 성인 11,005명을 대상으로 한 연구에서 적절한 수면양은 하루 7~8시간 정도인데 우리나라의 경우 전체인구의 13.6%가 수면시간은 7시간 미만인 것으로 조사되었다. 이러한 수면 부족 현상은 해가 거듭할수록 점점 늘어나는 추세다. 황교수의 이야기를 더 들어보자.

"수면의 부족은 많은 인체의 문제를 일으키는데 심신의 피로를 증가 시킬 뿐만 아니라, 우울증을 불러오고 기억력을 저하시키는 것은 물론 고혈압과 당뇨, 사망률의 증가와 비만과 대사 중후군의 유병률을 높인다. 하루 7 ~8시간의 수면을 취하는 그룹을 정상수면 집단으로, 하루 7시간미만의 수면을 취하는 대상자를 수면부족 그룹으로 나누어 조사한 결과에 따르면 수면부족 그룹은 정상수면 그룹보다 전체집단에서는 체중, BMI[체질량계

수 : 비만도를 측정하는 계수로 계산은 몸무게(kg)÷키(㎝)×키(m)으로 한다. 계수가 18.5이하이면 저체중, 18.5~22.9이면 정상, 23~25이면 과체중, 25~30이면 중증도 비만, 30이상은 고도비만으로 분류한다], 허리둘레, 수축기 혈압, 이완기 혈압이 컸으며, 남자 집단에서는 체중, BMI, 허리둘레가 더 큰 것으로 조사되었다. 또한 여자집단에서는 BMI, 공복혈당, 당화혈색소, 수축기혈압, 이완기 혈압이 더 큰 것으로 나타나 있다. 수면 그룹에 따른 비만 유형 위험도에 미치는 영향을 살펴보면 수면부족 그룹이 정상수면 그룹보다 전체집단에서는 1,189배 높았으며, 여자집단에서는 1,284배 높은 것으로 나타났다. 이상의 결과를 종합해 보면 7시간미만의 수면을 취하는 그룹은 정상 수면을 취하는 그룹에 비해 비만에 걸릴 위험도가 커지며 수면 부족인에게 있어 운동은 비만과 관련한 일부 지표에 긍정적인 반응을 나타내는 것으로 조사되었다."

(황문현외, p879-890)

앞서 언급한 사토 게이코는 25년 동안 약 3만 명의 환자를 치료한 결과를 분석하면서 숙면은 하루에 300kcal를 소모하는데 이를 체중으로 환산하면 1개월에 1kg이고 6개월 동안 올바른 수면을 취하게 되면 6kg 이상을 감량할 수 있다고 주장한다. 또한 그는 3·3·7 수면 규칙을 주장하는데 이는 새벽 3시 이전에는 잠을 자야하고 한 번 잠을 자면 3시간 이상 연이어 잘 것이며 수면은 최소한 7시간 이상이 좋다는 것이다. 그 이유는 새벽 3시 전후가 가장 잠이 잘 들 수 있는 시간이며 성장호르몬은 밤 10시~3시 사이에 많이 분비되며 잠이 든 지 3시간 후에 성장호르몬이 가장 많이 분비된다고

한다. 그리고 7시간 수면이 기준이 되는 것은 7시간 수면을 취하는 것을 기준으로 볼 때 5시간을 잔 사람의 비만 율은 52%가 높았으며, 4시간인 사람은 73%나 높았다는 근거에 따른 것이다(사토 게이코, p20-25).

나는 아침에 일어났을 때 습관적으로 체중계에 올라서는데 중간에 깨는 일이 없이 푹 잠을 잘 잔 날은 그렇지 못한 날에 비해 몸무게가 1kg정도 더 나간다는 사실을 알게 되었다. 어떤 날은 새벽 2시에 잠에 깨어서 그 이후로 잠을 못 이루는 경우가 가끔씩 있는데 이 경우에는 확실히 성장호르몬이 적게 분비되어 지방을 태우지 못한 것으로 생각된다. 잠을 잘 자기 위해서는 마음을 비워야 한다. 퇴근하고 온 이후 식후에 가벼운 산책을 하는 이외에는 일체의 외부 약속을 잡지 않는다. 걷기를 마치고 돌아온 후에 간단히 샤워를 하거나 씻고 잠자리에 들어가 평소대로 책을 읽으며 꾸벅꾸벅 졸다 불을 끄고 누우면 밤 10시 전후가 된다.

아침에는 5시 30분 기상할 수 있도록 알람을 맞추어 놓고 잠에 든다. 이렇게 할 경우 대개 하루 수면시간은 7~7.5 시간이 되다. 잠을 잘 자게 되면 다음날 아침 내 몸이 먼저 나의 상태를 말해 준다. 새벽이 와서 시계에서 알람이 울리면 나는 주저함이 없이 단번에 몸을 일으켜 거실로 나가 하루를 시작한다. 아내는 알람 소리와 동시에 단번에 몸을 일으켜 거실로 나가는 나를 보고 놀라곤 한다. 이렇게 깨끗한 수면과 기상을 보장하기 위해서는 잠에 들기 최소한 3시간 전에는 위장을 비워 놓아야 한다. 음식물을 섭취하고 잠자리에 들면 몸이 무거워 단박에 일어나는 것에 실패하는 경우가 많다. 부득이 무엇을 먹어야 한다면 몸을 따스하게 데워주는 차나, 된장국, 가벼운 스프 정도만 먹어야 한다. 깨끗한 숙면을 위해서는 몸속의 내장을 비울 뿐만 아니라, 주변 환경도 깨끗하게 정리 정돈, 청소를 해서 단순하고 명쾌한 잠을 잘 수 있는 환경을 조성하는 일에도 신경을 써 두어야한다.

다이어트에 성공하고 싶은가? 다이어트를 성공시키는 단순하고도 명료한 3가지 철칙을 지켜라. 적절한 음식, 운동, 그리고 질 좋은 수면의 3박자에 주의하라. 특히 운동이 부족하면 그에 맞게 입으로 들어가는 음식의 양을 제한하라. 음식을 먹기 전에 이 음식이 나의 몸에 유익하며 다이어트에 도움이 되는 것인가를 한 번쯤 생각하고 섭취하든지의 여부를 결정해야 한다.

웰빙: 육체와 정신의 조화를 통해 행복하고 안락한 삶을 지향하는 삶의 유형 또는 문화 현상. 사전적 의미로는 복지, 안녕, 행복을 뜻함.

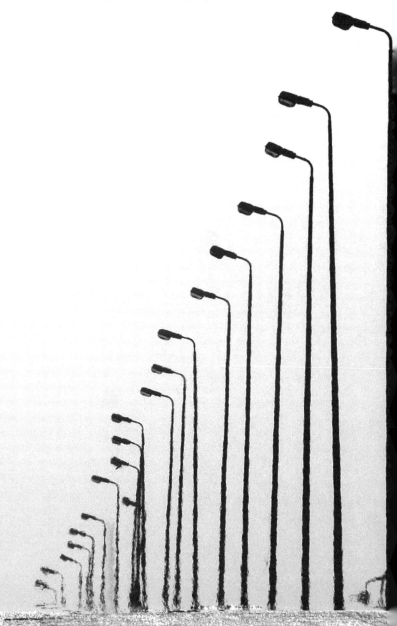

4
/
길을 걸을 때 알아야 할 것들

느리게 걷기 #4

/

"걷기의 성공은 이런저런 모든 아픔들을 다 치유해 줄 만큼
충분한 매력이 있다."

걷는 것도 개성이 필요하다

사람은 길을 찾아가는 존재다. 길을 찾아 나서고 길이 막히면 이리저리 몸부림을 치고 궁리를 하는 것은 인간의 생리다. 그만큼 길은 인간의 삶과 친숙한 것이다. 길을 만들고 찾는 동안 부지런히 몸을 움직이고, 머리를 쓰고 자연과 동화하면서 자신이 자연의 일부분임을 알게 된다. 왜 사람은 길을 나서려고 할까.

> "어떤 길은 구부러지고 어떤 길은 곧다. 그 구부러짐과 휘어짐은 모두 길이 산하에 파고들면서 남겨지는 궤적들이다. 길은 산하의 가장 낮고 유순한 지점들만을 골라서 뻗어나간다. 길은 인간의 자취들 중에서 자연에 가장 가깝다. 길은 자연의 가파른 위엄을 피해간다. 그것이 길의 원리이고 행함의 원리이다. 산맥을 넘어가는 등산로나 강을 건너가는 나루터가 다이와 같다."
>
> (김훈, 라면을 끓이며, 문학동네, 2015, p299-300)

길은 인간의 진화와 더불어 함께한 가장 자연스러운 존재다. 높은 언덕과 산맥을 피하고 강을 피해 가장 낮은 지점들을 연결하면서 가기 쉽고 편리하게 만든 노력의 산물이다. 그래서 인간은 길을 찾아 나서고 그 길 위를 걷는 일에 친숙하다. 미용 산업의 미래의 키워드를 묻는 질문에 화장품 브랜드 바비 브라운의 창업주인 바비 브라운은 "차별화"를 미래의 키워드로 제시했다. 획일성의 시대는 가고 앞으로는 다른 사람과 다른 나만의 개성이 있는 미의 추구가 중요하다는 말이다. 이것은 쉽게 이해하자면 사람은 다른 사람과 구별되는 나만의 정체성을 가져야 한다는 말이 된다. 우스갯 소리로 하는 말 중에 "못생긴 것은 용서 받을 수 있지만 개성이 없는 것은 용서할 수 없다"는 말이 있다.

  끝없는 경주를 해야 하는 스펙 쌓기에 치중하기보다 자기만의 개성을 개 발하는 무궁한 잠재력에 눈뜨는 것이 중요하다. 내가 만일 기업의 인사담 당자라고 한다면 그 사람의 학력이나 재능이나 스펙과 같은 것을 채용기준 으로 참고야 하겠지만 더 중요한 기준으로 개성이 있는 사람인가 없는 사 람인가 하는 것을 유심히 따져 볼 것이다. 아무리 잘 무장이 되고 지식이 많 다고 하더라도 그 사람만의 고유한 특질이 없으면 매력이 반감된다. 나는 아이들을 볼 때 똑똑한 것 못지않게 그 아이의 개성을 눈 여겨 본다. 개성은 한 인간이 가진 귀중한 자산이다. 불교에 화엄이라는 것이 있는데 그것 역 시 다양성을 인정하는 세상이 천국이라는 말이다. 나와 다른 것을 귀하게 여길 줄 알아야 한다.

너만의 색깔을 보여 다오

너가 아무리 못났다 할지라도

너 아니면 흉내도 못 낼 것

너만의 독특한 색깔을 보고 싶다

있는 것처럼 가장하지 말고

잘하는 것처럼 애쓰지도 말며

오직 너의 있는 그대로의 모습

너가 지닌 색깔을 보고 싶다

내가 원하는 것은 바로 그것

너의 애절하고 독특하고

못나고 더러는 구부러지고

꺾여진 모습이라도 좋으니

오직 너만의 색깔을 보여 다오

(너만의 색깔을 보여다오, 전편)

이 시가 노래하는 것처럼 걷는데 있어서도 개성이 요구된다. 걷는데 개성이 요구된다고 하면 의아해 하는 사람들이 많을 것이다. 평범한 걷기는 이제 거부하라. 걸을 때 나는 온 몸을 써서 걷는다. 그것도 의도적으로 말이다. 쌀쌀한 겨울 날씨, 인적이 드문 빈 겨울 들판을 걸어갈 때 한가하게 논바닥에 떨어진 낱알을 주워 먹으며 따뜻한 태양빛에 몸을 녹이던 겨울 철새들이 생각났다. 철새들은 갑자기 자신의 영역을 향해 다가오는 낯선 사람의 발자국 소리를 듣고는 황급히 날아올랐다.

나는 그 때마다 너희들의 휴식을 깨서 미안하다, 정말 미안하다고 혼자 독백을 하면서 들판을 이리저리 걸었다. 나는 걷기 위해 집에서 출발할 때부터 핸드폰 배터리를 하나 더 준비해서 가득 충전한 다음 집을 나선다. 그리고 이어폰을 준비해서 7080의 노래와 피아니스트 리히터Richter가 연주하는 베토벤의 피아노 소나타 23번 열정Apassionata과 같은 클래식 음악을 들었다. 노래가 나오면 나는 온몸을 흔들며 갖은 형용으로 갈짓자 걸음을 걷기도 했으며 고래고래 고함 소리를 지르기도 했다. 안 쓰는 근육을 일부러 써보기 위해 몸을 이리저리 비틀기도 했다. 이 때 최대의 관심사는 지금까지 내가 걸어보지 못한 모습으로 걷는 것이었다.

이렇게 걸을 때에는 보통 사람이 걷는 것보다도 더 힘이 들었으며 많은 칼로리가 소모되는 것을 몸소 체험할 수 있었다. 걸으면서 땅과 하늘을 번갈아 보며 목의 근육을 당기는 시늉을 해본다. 그리고 몸을 비틀어 걸으면 등짝과 허리 쪽 쓰지 않는 근육이 사용되는 것을 느낀다. 두 팔을 흔들고 몸을 출렁거리며 걸으면 손과 배의 근육을 사용하게 된다. 누구든 이렇게 기괴한 모습으로 걷는 나의 엽기적인 모습을 보았다면 틀림없이 미친놈 취급을 했을 것이다. 몸을 비트는 것뿐만 아니라, 노래를 부르기도 하며 눈을 감고 덩실덩실 춤을 추는 모양도 했다. 이럴 경우 칼로리의 소모뿐만 아니라, 정신적으로도 엄청나게 몰입이 되어 자유의 경지로 빠져 들어가는 황홀경을 느낀다. 영화 〈취권〉에서 주인공의 몸놀림을 상상해 보면 좋을 것이다. 여기서는 다 기술할 수 없을 정도로 사람이 표현할 수 있는 동작은 무궁무진하다는 것을 알았다.

걸으며 큰 소리로 노래하는 것이 얼마나 좋은지 모를 것이다. 〈노래 부르기〉는 신비의 명약에 가깝다. 나는 가끔씩 삶이 고달프고 힘들어지면 노래방을 찾는 습관이 있다. 남자 혼자 노래방을 간다면 이상한 눈으로 바라보는 사람도 있을 줄 안다. 그렇지만 걱정은 안 해도 좋다. 처음 혼자 노래방을 들어서면 주인은 나를 향해 도우미를 찾느냐고 물어본다.

나는 고개를 흔들어 부인하고 이 노래방에서 제일 스피커시설이 잘 되어 있고 마이크가 좋은 방으로 보내 달라고 한 다음 1시간 30분 정도 노래한다. 이 시간이면 노래방에 있는 노래책 1권은 여유 있게 뗄 수가 있다. 노래를 부르고 나면 꽉 막혔던 머리와 가슴의 뭉친 고민들이 눈 녹듯 다 사라진다. 걷기가 전신을 시원하게 한다면 노래 부르기는 머릿속을 맑게 비워주는 청소부다. 노래를 격렬하게 1시간 30분을 부르는 것을 무엇에다 비유할 수 있을까? 한마디로 그것은 걷기와 등산과 자전거타기, 한 판 축구경기를 하고 난 뒤처럼 후련하다고 말하고 싶다. 그래서 나는 노래방을 탕자들의 예배당이라고 부른다. 노래를 부르다보면 성량도 풍부해지고 소화도 잘 되는 것을 느낄 수 있다.

뇌출혈로 언어 장애가 왔던 사람이 노래방에 가서 노래를 따라 부르는 시늉을 하다가 6개월이 지난 후 멀쩡한 사람이 되어 걸어 나오는 것을 보았다. 그만큼 노래는 사람에게 좋은 신비의 명약이다. 노래방은 아이들뿐만 아니라 어른들의 놀이터이자 정신을 치유하는 정신병원이기도 하다. 노래방의 네 박자는 인간의 희로애락을 치유하는 명의다. 대중가요의 가사에는 일상의 모든 의문을 푸는 해답들이 담겨져 있다. 나는 〈DMZ 평화누리길〉을 걸을 때 목청껏 노래를 부르며 걷는다. 이렇게 할 경우 보통의 점잖은 걷기에 비해 비교할 수 없는 많은 에너지가 소비된다. 가슴과 머릿속에 응고되어 있던 고통의 덩어리들이 '쑥' 하고 내 몸에서 빠져나가는 것을 경험한다. 시원하다, 이 순간에는 너무나 시원함을 느낀다. 걷는 것의 이점이 어디 그것뿐이랴. 걷는 것은 신비한 것을 경험하는 것이다.

"내 두 다리의 힘으로 새벽의 공원을 어슬렁거릴 때 나는 삶의 신비를 느낀다. 이 신비는 내 살아 있는 몸의 박동 속에서 확인되는 것이므로 신비라기에는 너무나 구체적이다. 이 신비는 증명되는 신비이다."

(김훈, 라면을 끓이며, 문학동네, 2015. p303)

그의 말처럼 산과 강과 들을 거닐 때 평소에 느껴 보지 못했던 영감들이 불쑥 불쑥 시상詩想으로 떠올라 머릿속을 스친다. 나는 그럴 때마다 메모지를 꺼내어 메모를 한다. 그런 다음 집에 돌아와 그것을 시詩로 옮겨 적었다. 하지만 그것도 요령이 생겨 어느 때부터는 떠오르는 생각을 핸드폰으로 바

"노래방의 네 박자는 인간의 희로애락을 치유하는 명의다.
대중가요의 가사에는 일상의 모든 의문을 푸는
해답들이 담겨 있다."

로바로 녹음을 했다. 얼마나 편리하고 좋은지 모른다. 생각나는 내용을 손실 없이 다 담을 수 있기 때문이다. 메모할 때 보다 영감의 내용이 그대로 자연스럽게 채록된다. 손으로 기록할 때 보다 더 완벽한 자료를 얻을 수 있다.

나는 평화누리길을 걷기 시작하면서부터 거의 하루에 한 편씩의 시를 녹음하거나 한 편의 시를 쓸 수 있는 소재와 주제에 대한 영감을 얻어서 돌아오곤 했다. 나 같이 시를 쓰는 시인에게 있어서도 걷기는 다이어트 말고도 시작詩作을 할 수 있는 기회를 주기 때문에 충분히 걸을 만한 가치가 있다. 그래서 걷는 동안 나는 20여 편 이상의 시를 쓸 수 있었다. 내가 살아 있다는 것, 지금처럼 살아서 겨울이 오는 들판을 내 건강한 두 다리로 걷는다는 것이 얼마나 감사한 일인지를 알았다. 걷는 동안 세상은 감사로 충만했고 모든 일상은 바로 천국 그 자체였다.

어머니를 떠나보내면서 나는 알았다

나의 못나고도 시시한 일상이

어머니가 그토록 살고 싶어 한 천국이었음을

김장을 하거나 빨래를 하는 일이

밥을 지어 식솔들을 불러 모으는 일이

아아, 없는 살림을 쪼개며 가슴 졸이는 일이

얼마나 설레고 눈부신 일인지를 알았다

기적은 달리 존재하는 것이 아니었다

눈 뜨면 볼 수 있는 신기루 같은 것

감사하는 그곳이 늘 기적의 서식처였다

힘이 없거나 가난하다고 느끼는가

절망 대신 감사를 한 번 힘껏 붙들어 보라

(감사, 전편)

홀홀 털고 가을의 들판이나
눈 내리는 겨울바다, 봄이 오는 강가로
한 번 걸어 나가 보라.
일상의 매너리즘에서 벗어나 삶의 동력과
의미를 발견하려면 집 밖으로 나가서
대자연 속으로 걸어 들어가야 한다.

나는 걸으면서 얼마 전 암으로 돌아가신 어머니를 생각했다. 죽음의 직전에 그 분이 얼마나 평범한 일상을 그리워했는지를 떠올렸다. 이처럼 걷는 것은 내 삶을 성찰할 수 있는 좋은 기회다. 걷는 것은 세상의 모든 일들을 다시 해석하고 생동하도록 만드는 신비한 비법이기도 하다. 그대의 일상이 다람쥐 쳇바퀴 도는 것같이 무의미하고 지겨운가? 그러면 훌훌 털고 가을의 들판이나 눈 내리는 겨울바다, 봄이 오는 강가로 한 번 걸어 나가 보라. 일상의 매너리즘에서 벗어나 삶의 동력과 의미를 발견하려면 집 밖으로 나가서 대자연 속으로 걸어 들어가야 한다. 운동은 완벽한 자신을 만날 수 있는 인간의 유일한 활동이다. 자신을 아는 데는 이것보다 더 좋은 방법이 없다.

〈월든 : 숲속의 생활〉이라는 시집을 통해 자연과 함께 하는 삶의 아름다움을 노래했던 위대한 시인 겸 산책가 소로우Henry David Thoreau는 걷는다는 것은 말할 수 없는 만족감을 준다고 노래했다. 걷는 일은 육체적으로 피곤하지만 영적으로는 새로 태어나는 것 같은 경험을 한다고 노래했다.

얼마 전 지리산에 올라 장터목산장에서 천왕봉에 오르는 양지바른 구간에서 갑자기 걷기의 행복감이 충일하게 넘쳐나는 것을 경험했다. 그 때 나는 깨달았다. 소로우가 느꼈던 그것을 똑같이 느꼈다. 나는 혼자 독백을 하고 있었다.

"걷는 것은 세상을 다시 사는 것이다, 걷는 것은 내가 겪은 세상을 다시 해석하는 것이다"

나의 많은 시편들은 걷는 중에 쓰인 것들이 많다. 그리고 좋은 장면은 사진도 찍어 둔다. 사진은 시각적으로 남겨진 시다. 시와 사진의 차이는 없다. 걸으면서 느낀 점을 시로 표현하듯이 자연과 인간의 의미 있는 모습들을 사진에 담는다. 그래서 사진작가는 시인이기도 하다. 참 편리한 시대다. 사진 기술을 배우고 렌즈를 살 필요가 없다. 핸드폰 카메라는 디지털 카메라이지만 웬만한 것은 다 알아서 처리해준다. 화소도 좋아 핸드폰으로 사진을 찍어 책으로 만들어도 좋을 만큼 잘 찍힌다.

누구나 자연의 빛 속에서 멋진 장면을 찍으면 그 자체로 훌륭한 작품이 된다. 한낮의 밝은 빛은 자연의 아름다움을 속속들이 잘 보이게 해 준다. 사진이 잘 나올는지 여부에 대해 아무런 걱정을 할 필요가 없다. 발길이 닿으면 그대의 마음이 가는 대로 셔터를 사정없이 눌러대라. 잘 찍고 못 찍고 고민할 필요가 없다. 집에 와서는 낮에 찍었던 것을 살펴보고 필요 없는 것들은 버리면 된다.

배가 고프면 집에서 간편하게 싸온 도시락을 꺼내 한적한 곳에서 먹는다. 어떤 날은 길을 걷다가 산 속 아무도 없는 빈 집 마당에 앉아 양지바른 곳에 도시락을 펼쳐 놓고 먹기도 하고, 어떤 날은 비를 피하느라 시골 대로변에 놓여있는 인적 없는 농산물 판매대에서 나나스키와 현미밥, 과일을 꺼내 놓고 먹기도 한다. 정말 기름기가 쫙 빠진 욕심을 버린 식단이다. 나는 언젠가 새벽에 일어나 새벽기도를 가는 길에 시장통에서 새벽부터 장사를 준비하는 노점상 노부부가 새벽밥을 먹는 모습을 엿 본 일이 있다. 그 때의 식사가 지금 내가 먹는 밥과 같았다.

詩로 읽는 다이어트

새벽기도 가는 길에 만난
시장 입구에서 좌판하는 늙은 부부
아내는 앉은뱅이 의자에 앉고
활처럼 등이 굽은 남편은 선채로
눈칫밥 먹듯 뚝딱 새벽밥을 먹는다

식은 밥에 찬은 푸성귀 종지 두어 개
기름기가 빠지고 욕심마저 다 빠져나간
살기위한 갈망만이 베여있는
희미한 불빛 아래에서의 소찬이었다

나도 저런 밥을 먹고 싶다
허황된 꿈을 버린 소박한 밥을
새벽기도 시간 그 밥상이 생각나자
주체할 수 없는 눈물이 흘렀다
밥 앞에서 진실하지 않고서는
누구도 천국을 볼 수가 없으리라

(건강한 밥, 전편)

비가 내리는 추운 날이어서 그런지 밥이 차고 마땅히 앉을 곳도 없었지만 선채로 간단히 식사를 끝낸다. 보온병에 미지근하게 남은 커피 한 잔으로 속을 달랜다. 나에게는 이런 식사가 정신건강에도 좋고 다이어트를 성공적으로 추진해 나가기에는 더 없이 좋은 음식이다. 반찬이 없고 현미밥이어서 그런지 씹지 않으면 넘어 가지 않는다.

나는 아무런 불평을 할 겨를이 없이 내가 처한 모든 여건을 다 받아들이고 순응한다. 여러 수십 번을 천천히 씹고 또 씹어서 잘게 부서서 침과 섞어 먹는다. 이렇게 씹을 수 있는 것만 해도 성공한 것이다. 씹는 것의 중요함은 폐암으로 돌아가신 어머니의 마지막을 통해 이미 경험한 바였다. 마지막 때가 되면 씹지 못하고 동치미국 같은 것으로 밥알을 넘기는데 힘들어지면 그것도 어려워지고 밀크라고 하는 죽 같은 것을 주사액으로 흘려 넣어야 한다. 그래서 그런지 나는 추위 속에서 어금니를 맞부닥뜨리며 씹는 일은 도리어 감사한 일로만 여겨졌다.

혼자서 걸어라

사람들은 혼자서 하는 일을 싫어한다. 아니 혼자서 무엇을 하면 남의 눈에 왕따처럼 비쳐질 것이 두려운지 도무지 혼자서는 시도조차 하지 않으려고 한다. 무엇이든 함께 해야 마음의 안정을 느끼는 것이 사람의 타고난 심성인 듯하다. 밥을 먹거나, 영화를 보는 것도 함께하지 않으면 안 되는 것으로 생각한다. 혼자 밥을 먹는 것을 질겁을 하는 사람들이 있다. 그러나 누구와 함께한다는 것도 좋지만 혼자서 하는 것이 중요한 때도 있다. 함께하는 즐거움도 필요하지만 외로움과 고독이 사람을 성장시키는 자양분임을 나는 믿고 싶다. 자아는 고독과 외로움을 통해 터를 넓게 잡고 더 깊고 높은 곳으로 뻗어간다. 고독이나 외로움은 밭이랑에 뿌려져 생명을 살리는 자양분이나 거름같은 그런 것이다. 7년 동안 50개국을 홀로 여행하며 깨달은 것들을 책으로 엮은 카트린 지타는 그의 책 〈내가 혼자 여행하는 이유〉에서 〈혼자〉의 필요성을 다음과 같이 이야기한다.

"혼자 있다는 건 나는 외톨이라고 광고하는 것과 똑같은 일이라고 생각하기 때문이다. 그래서 혼자 밥을 먹느니 굶는 게 낫다고 생각하고, 혼자 여행을 가느니 방에서 뒹구는 게 낫다고 말한다. 그러나 인생을 행복하게 만드는 건 혼자 있는 시간을 어떻게 보내느냐에 달려 있다. 내가 정말 원하는 삶이 무엇인지, 내가 좋아하는 것과 싫어하는 것은 무엇인지, 나는 어떤 관점과 가치관을 갖고 살아가고 있는지, 나의 장점과 한계는 무엇인지, 스스로에게 질문을 던지며 자기 자신에 대해 알아갈 수 있는 시간은 오직 혼자 있는 시간 밖에 없기 때문이다"

(카트린 지타, 내가 혼자 여행하는 이유, 걷는나무, 2015, p51-52)

앞서 본 것처럼 잘 걷기로 유명한 칸트는 점심을 먹고 나서는 늘 산책을 했는데 사람들은 칸트가 지나가는 것을 보고 시간을 알 정도였다고 한다. 그는 스스로 정한 걷기 코스의 목적지인 프리드리히스부르크Friedrichsburg 성城으로 가는 길을 혼자서 걷는 것을 좋아했다. 왜 칸트가 혼자 걷는 것을 좋아했을까? 걷기에는 타인과 동행하면 안 되는 것인가? 나는 걷는 것이 자신의 삶에 대한 성찰이고 반성이며 기도라는 이야기를 해 주고 싶다. 그리고 살아 온 지난 세상을 다시 곱씹어 보면서 재해석하고 다시 사는 기회의 장이라고 말한 적이 있다. 걸으면서 자신의 삶을 내려다보거나 바라보는 것이다. 그것이 내가 말하는 다이어트 걷기의 진정한 의미다.

다이어트의 수단으로서의 걷기는 멘탈의 문제다. 내 삶을 성찰하기 위해 들여다보는 그 과정에서 옆에 누가 있다면 바라보고 들여다보는 일이 제대로 되지 않는다. 걷고 있는 내 옆에 있는 타인은 성찰의 방해꾼이 된다. 성찰은 내가 하는 것이지 누가 대신 해 줄 수 없는 그런 활동이다.

성찰을 잘 하려면 누구로부터의 구속이 없는 자유가 있어야 하고, 타인으로부터 간섭을 받지 않고 열중할 수 있는 집중력이 있어야 한다. 그것은 혼자일 때만 가능하다. 그래서 혼자 걸어야 한다는 것이다. 칸트가 실천이성비판을 구상한 것도 바로 프리드리히스부르크Friedrichsburg 성城으로 가는 혼자만의 외로운 산책길에서였다는 것을 상기해 보라. 걷기는 성찰이기도 하며 새로운 세상을 창조해 내는 예술이기도 하다. 예술은 혼자일 때 잘 이루어진다.

나는 개인적으로 소설가 박상우를 좋아하는데 그가 쓴 〈반짝이는 것은 언제나 혼자다〉라는 책을 특별히 아낀다. 그 책은 소설 창작을 위한 메모로 남겨진 글들을 엮어 책으로 낸 것이다. 말하자면 작가 수첩이라고나 할까. 짧은 글들의 모음인데 사고의 깊이와 번쩍이는 상상력 그리고 지혜가 넘쳐

"걷는 것이 자신의 삶에 대한 성찰이고 반성이며
기도라는 이야기를 해 주고 싶다."

"먹고 살기 위한 세상의 번잡한 고뇌로부터 내 정신을 지키고
지친 영혼과 육체를 활력있게 만드는
재미있는 놀이의 하나가 나에게는 바로〈걷기〉다."

난다. 이 책으로 인해 나는 성서의 좋은 구절들을 문학적으로 해설한〈닮다 그리고 닮다〉라는 명상 에세이를 쓸 수 있었다.

그 책의 내용에도 경탄을 금할 수 없지만 무엇보다 책 제목이 마음에 들었다. 그의 책 제목대로 세상에 반짝이는 것은 모두〈혼자〉다. 혼자의 외로움과 고독, 변방에서 헤매면서 중심을 향한 갈구와 노력이 새로운 역사를 쓴다. 그런 의미에서 멋진 제목이 아닐 수 없다. 나는 세상의 훌륭한 성찰을 어떤 단체나 위원회가 했다는 이야기를 들어보지 못했다. 언제나 위대한 것은〈혼자〉가 한 것이다. 칸트가 그랬던 것처럼 나는 오락에는 취미가 없다. 다른 사람들처럼 바둑을 두거나 당구를 친다거나 고스톱을 치면서 웃고 떠들어 본 적이 없다. 남들처럼 박자감각이 있어 춤을 잘 추는 것도 아니고 어떤 악기를 잘 연주하는 것도 아니다. 내가 왜 그런 것들을 등한시 했던가 하는 후회가 들 때도 가끔씩은 있다.

하지만 누가 나에게 당신이 잘하는 놀이 하나를 들어 보라고 한다면 나는 서슴없이〈걷기〉라고 대답할 것이다. 걷기 시작하면 맺혀져 있던 응어리들이 자연스럽게 풀어지면서 기분이 좋아진다. 산과 들이나 강가를 지나가면서 사계절에 따라 변화하는 자연의 모습들을 보면서 모든 것이 질서 있게 운행되고 있다는 깨달음을 느낀다. 나 역시 그 자연의 일부로서 건강하게 숨 쉬고 있다는 혼연 일체의 경지로 들어간다. 먹고 살기 위한 세상의 번잡한 고뇌로부터 내 정신을 지키고 지친 영혼과 육체를 활력있게 만드는 재미있는 놀이의 하나가 나에게는 바로〈걷기〉다.

다이어트를 할 때 배우자와 함께 하면 서로 격려하고 충고하면서 많은 도움을 줄 수 있다. 다이어트라는 목적을 이루기 위해 운동을 하거나 음식을 자제할 때도 배우자와 함께 한다면 음식의 섭취도 통일할 수 있어 좋고, 운동을 할 때도 힘이 들면 서로 격려할 수 있어 좋을 것이다. 하지만〈걷기〉는 혼자이지 않으면 안 된다. 걷기는 구속됨이 없는 자유로운 활동이어야 한다. 그리고 걷기는 혼자서 나 자신의 내면을 들여다보고 자연이 운행하는 질서를 깊이 있게 관찰하는 활동을 통해 나와 자연의 본질을 깨닫는 활동이기 때문에 혼자이지 않으면 안 된다! 걷기를 시작하면 많은 장애들이 나타난다. 그 중에서 대표적인 것 중의 하나가 가족이다.

걷기를 하는 동안 종종 새벽에 집을 나가 저녁 늦게 지쳐서 돌아오는 경우도 많기 때문에 집에 있는 아내나 자녀들의 불만이 커질 수밖에 없다. 아내는 말한다. 도대체 무슨 이유로 가장家長이라는 사람이 가족과 함께 하지 않고 혼자 새벽밥을 먹고 집을 나가 가족들을 내팽개치느냐며 불만을 터뜨린다. 이렇게 하려면 혼자 살지 왜 결혼을 해서 배우자를 독수공방을 시키는 것이냐고 따져 묻기도 할 것이다. 내 경우처럼 어떤 배우자는 호기심에라도 당신이 걷는 그 길을 자기도 함께 걷자며 동행을 요구하며 나올 수도 있다. 어린 자녀들 역시 아빠는 매일 혼자 걷기만 한다며 불만이 많을 것이다.

다 맞는 말이다. 결혼이라는 것은 원래 혼자 사는 것이 아니고 가족 구성원들이 같은 리듬을 타면서 공동생활을 하는 것이며 배우자와는 일심동체라는 말이 있듯이 따로 국밥이 되어서는 안 되기 때문이다. 하지만 이 모든

어려운 하소연과 불만들을 다 무시해야 한다. 아무도 인적 없는 빈 들판이
나 강가 그리고 산 속 길과 따분한 아스팔트길을 혼자 외로이 걸어 보지 않
고서는 걷기를 통해 다이어트를 성공할 수 없다.

   걷는 남편이 아내와 함께 하는 것은 계획에 차질이 생기며 걷기의 욕구를
약화시킬 수 있다. 실제 나는 아내의 요구를 못 이겨 걷기를 함께 했다가 여
러 번 그 날의 목표치를 달성하지 못하고 의욕마저 꺾인 경우가 많았다. 실
례로 한 번은 파주구간 3코스 반구정길을 걸을 때였다. 그날은 아내와 함께
반구정을 지나 장산 1리 마을회관을 걷는 동안 아내는 더 이상 걸을 수 없
다며 집으로 가자고 우는 바람에 그곳에서 걷기를 마쳐야 했다. 반구정에
서 통일로까지 2.4km는 30분이 걸리는 거리였고, 통일로에서 장산리 마을

회관까지 4.8km는 70분이 걸리는 거리였다. 그런데 2시간을 조금 더 넘겨 걷고 난 이후에 아내가 지쳐버린 것이다. 반구정과 문산의 마정재를 걷는 동안 나는 이런저런 이야기를 나누며 아내가 걷기의 재미에 빠져들었다고 생각을 했다.

　아내는 나와 이야기를 하면서 걷고는 있었지만 실은 그 걷기가 고행이었으며 더욱이 앞으로 걸어야 할 거리가 부담이 되었을 것이다. 이런 것을 보고 동상이몽이라고 하는 모양이다. 나는 단순하게도 그런 아내의 마음을 헤아리지 못했다. 아내는 갑자기 장산 1리 마을회관에서 문산역으로 나가는 버스가 자기 앞을 지나가는 것을 보고는 이제 그만 걷고 집으로 가자고 통사정을 하는 것이었다. 그러면서 인내의 한계를 느꼈다는 듯이 불만을 쏟아내기 시작했다. 무슨 이유로 이렇게 힘들게 걷는지 도무지 이해를 하지 못하겠고 했다. 아쉬웠다. 그날은 장산전망대를 거쳐 율곡 습지 공원까지 5.8km를 더 걸어야 목표를 달성하는데 중도하차를 하고 만 것이다. 곤란한 것은 일이 이렇게 꼬이게 되면 다음번 걷기 때는 집을 나와서 이곳 문산 장산 1리 마을회관까지 버스를 타고 와서 다시 걷기를 이어가야만 한다. 그리고 뭣 하러 자기 몸을 혹사하는 듯한 〈걷기〉를 계속해야만 하느냐는 아내의 추궁에 걷는 의욕마저 반감되었다. 나는 아내의 항의에 이렇다 할 변명거리가 없었다. 잘못 살아온 생활 습관으로 인해 살이 찌고 삶의 의욕마저 상실한 것에 대한 반성으로 걷기를 하고 있는 나에게 고행은 당연한 일이었기 때문이다.

　이런 일을 겪고도 그 다음에도 몇 차례 아내와는 동일한 해프닝이 반복되었다. 나는 하는 수 없이 내가 걸어야 하는 이유와 진척정도, 걷기로 계획한 목표구간 등을 자세히 설명을 하고 도움을 청한 후에 혼자 걷기를 계속해 나갈 수 있었다. 이것도 결국은 내 잘못인데 부부 사이에는 비밀이 없어야 한다. 이런 비밀스런 일은 알리고 싶지 않아 그냥 혼자 계획하고 실행하다 보니 나의 고민과 결심을 잘 알지 못하는 배우자의 도움을 받을 수 없게 되었던 것이다.

아무튼 계획을 짜서 걷기를 시작하려고 하면 이런저런 장애들이 생겨나기 마련이다. 이것은 걷기뿐만이 아니라 세상의 모든 일이 다 그렇다. 하지만 이런 어려움을 다 견디어 내고 목적을 이루어야만 한다. 걷기의 성공은 이런저런 모든 아픔들을 다 치유해 줄 만큼 충분한 매력이 있다.

복식호흡을 하면서 걷기

걸으면서 특별하고 개성 있는 걷기를 할 수 없을 것인가를 궁리해야 한다. 통상적으로 몸에 익숙해진 걷기는 그렇게 효과적이지 못하다. 쓰지 않는 근육을 쓸 수 있도록 어떻게 걸으면 근력운동의 효과를 낼 수 있는 걷기를 할 수 있겠는가 하는 것들을 고민해 보아야 한다. 이와 관련하여 나는 걸을 때 복식호흡을 하면서 걷기를 해 보라고 권한다. 왜 복식호흡인가. 우리가 보통 하는 호흡은 가슴으로 하는 흉식호흡이다. 이에 비해 복식호흡은 숨을 깊이 들이마셔 폐 아래에 있는 횡격막을 밀어내게 되면 배가 둥글게 나오면서 가슴은 부분적으로 진공상태가 되면서 그 자리에 공기가 들어온

다. 이 때 입으로 숨을 내 쉬게 되면 횡경막이 제자리로 돌아가면서 공기가 배출되는 식으로 호흡이 이루어진다.

　가슴이 아니라 배가 숨을 쉬는 것처럼 불러졌다가 오그라들었다가 반복을 하며 이루어지는 호흡이다. 나는 개인적으로는 3~5초 정도 코로 숨을 들이쉬어 배를 부풀린 다음 그 상태에서 5~10초 정도 잠시 멈추었다가 6, 7, 8, 9, 10을 세는 동안 모아진 숨을 천천히 내쉬는 방식으로 깊게 호흡을 한다. 이러한 복식호흡은 요가 수행자, 성악가, 마라톤과 같은 운동선수들에게는 절대적으로 필요한 호흡법으로 알려져 있다. 급경사를 오르는 등산이나 마라톤, 축구와 같은 격렬한 운동을 한 후에는 땅에 엎어져 거칠게 숨을 몰아쉴 때 배가 들쑥날쑥하고 들숨과 날숨이 교차하면서 복식호흡을 하는 것을 보게 된다.

　걷는 것만 해도 힘이 드는데 인위적으로 복식호흡을 해 가면서 얼마나 오래 지속할 수 있을 것이며 해도 과연 무슨 효과가 있을 것인가 하고 의문이 들 수가 있다. 복식호흡을 할 경우 복압으로 대장의 연동운동을 돕고 배의 근육을 단련할 수 있으며, 몸의 긴장을 풀어주어 스트레스가 해소될 뿐만 아니라 변비 해소에도 기여한다. 복식호흡은 의식적으로 해야 하므로 실제로 해 보면 복식호흡을 하는 그 자체만으로도 힘이 든다. 처음에는 복식호흡을 하며 걷는다는 마음으로 걷기 시작하지만 어느새 편한 흉식호흡을 하면서 걸어가는 자신을 발견하게 된다. 복식호흡은 평소 습관이 되어 있어야만 꾸준히 할 수 있다.

복식호흡을 하면서 한 10분 정도만 걸어가도 몸에서 열이 나고 운동의 효과가 나타나기 시작한다. 지방이 연소될 것만 같은 따뜻한 기운이 온몸을 감싼다. 걷는 동안 복식호흡을 하게 되면 다이어트에 매우 효과적이다. 복식호흡은 흉식호흡에 비하여 폐활량이 늘어나며 골격을 바로잡아 주는 역할을 한다. 혈액순환이라는 면에서 볼 때 흉식호흡을 할 때 보다 원활하여 체온이 오르며 세포에 충분한 영양을 공급할 수 있는 까닭에 신진대사에 도움이 된다. 결과적으로 면역기능이 향상된다.

이처럼 복식호흡은 힘이 들기는 하지만 흉식호흡에 비해 칼로리를 2배 정도 많이 소모하는 것으로 알려져 있어 다이어트에 좋은 호흡법이다. 뿐만 아니라 복식호흡은 혈류를 느리게 하여 혈압을 떨어뜨리는 효과가 있으며 자율신경을 이완시켜 몸의 안정에 기여하게 된다.

"질병 병력이 없는 건강한 대학생 20명(여자17명, 남자3명)을 대상으로 AB spur를 착용하고 12주 복식호흡 운동을 함에 따라 신체적인 특성 및 체지방률% body fat, 체질량지수BMI, 복부 비만율Waist/ Hip ratio의 변화를 알아보고 복식호흡이 비만판정과 관련된 요소에 미치는 영향을 분석한 연구결과에 따르면 이러한 복식호흡은 횡경막을 주로 사용하여 계속적으로 복부 자극을 주어 스트레스와 면역반응, 혈압강화에 긍정적인 반응을 보일 뿐 아니라, 총폐활량을 증가시키며 산소공급을 증가시키는 것으로 밝혀졌다. 뿐만 아니라 복식호흡의 효과를 측정했을 때 대상자들의 평균 체중감소가 1년에 7kg이었고, BMI의 경우에는 2kg의 감소를 나타냈다. 이 연구에서 4

주, 8주, 12주까지 체중 및 체지방률% body fat, 체질량지수BMI, 복부 비만율 Waist/ Hip ratio은 모두 감소한 것으로 들어났다"

(곽이섭 · 김영일 교수 연구논문, p1867~1869)

호서대학교 윤영식 교수의 연구논문 "복식호흡이 여성의 비만 및 체지방 감량에 미치는 효과"를 보면 이와 유사하면서도 재미있는 결과가 나타난다.

"이 실험에서 사용한 복식호흡은 먼저 앉은 자세에서 들숨과 날숨을 천천 히 고르게 하도록 했으며 점차 걸으면서 호흡을 하는 방법을 응용하도록 하였다. 뿐만 아니라 고온의 사우나에서 복식호흡을 하도록 해 보았다. 연 구결과는 특히 고온의 사우나에서 복식호흡을 하는 시간이 길면 길수록 체지방 감량도 증가하는 것으로 밝혀졌다. 이는 고온의 열에너지가 내장 의 복압증가와 함께 표피층에 존재하는 각종 지방을 연소시키는 작용을 하기 때문인 것으로 보고 있다. 재미있는 것은 내장 비만이 많은 40대 여성 에게는 복식호흡을 통한 고온 사우나가 지방분해에 훨씬 큰 영향을 미치 는 반면, 표준 체중이거나 젊은 여성의 경우 복식호흡을 통한 운동이 보다 더 효과적인 것으로 나타났다." (윤영식교수 연구논문, p146~149)

또한 정상인이 복식호흡을 할 때 몸통근육의 형성에 기여하는가를 연구 하여 복식호흡이 몸통근육 형성에 기여한다는 흥미로운 연구결과를 내 놓 기도 했다.

"연구방법은 질병 경력이 없는 건강한 대학에 재학 중인 정상인 남자 60명을 대상으로 한 것인데 동적인 자세와 정적인 자세에서 복식호흡을 할 경우 요부 근육 약증 및 기능 약화가 발생하는 근육인 오른쪽 기립근과 왼쪽 기립근, 그리고 복강 내압의 증가가 요추 경직성 및 척추의 안정성에 기여하는 복사근의 몸통 근육 활성화의 연관성에 대해 연구한 것인데 연구 결과 눈에 띄는 기여 효과가 있는 것으로 밝혀졌다."

(김경교수 논문, p551~552)

여러 연구 결과를 통해 보는 바와 같이 건강한 호흡은 인체에 지대한 영향을 미친다. 우리가 살아갈 수 있는 것은 바로 호흡을 통해 혈액 내 산소를 공급하기 때문이다. 뇌졸중으로 혈관이 막혀 산소가 공급되지 않아 단 몇 분이라도 피가 돌지 않는다면 그와 관련된 신체는 괴사되고 당사자는 사망을 하거나 깨어나더라도 반신 불구가 되는 등의 끔찍한 결과가 발생한다.

성서에 보면 태초에 하나님이 땅의 흙으로 사람을 지으시고 생기를 그 코에 불어 넣으시니 사람이 생령이 되니라(창2:7)라는 말씀이 나온다. 생기를 불어 넣었다는 것을 나는 복식호흡과 같은 깊고 건강한 호흡을 불어 넣어 생명을 주신 것이라고 해석한다.

이처럼 복식호흡이 폐에 건강한 산소를 공급하여 섭취한 음식물을 에너지로 바꾸며 체내에 쌓인 지방을 태워 비만을 줄이는가 하면 몸통근육을 발전시키고 허리의 안정에도 기여를 한다. 이렇게 건강증진의 효과가 풍부한 복식호흡의 이로운 점을 알았다면 걸으면서 복식호흡을 하지 않을 이유가 없다. 힘이 들지만 복식호흡을 의식적으로라도 습관화 한다면 효과적인 다이어트가 될 것이다.

나는 고등학교 시절 음악 선생님으로부터 복식호흡을 배운 이후 틈만 나면 복식호흡을 해야 한다는 인식이 자연스럽게 각인되었다. 그래서 걷기만 하면 당연히 그렇게 해야 하는 것처럼 복식호흡을 하면서 걸어가는 내 자신을 발견한다. 다이어트의 수단으로 걷기를 할 때에는 최대의 효과를 항상 염두 해 두어야 한다. 쓰지 않는 근육을 쓰는 몸동작을 하면서 걷는다든가, 칼로리 소모량이 배가되는 복식호흡을 하면서 걷는다면 좋을 것이다.

5
/
더 많이 걷는 방법

느리게 걷기 #5

/

"길 위를 걸을 때 내 몸이 풀리는 동시에 자유스러움을 느낀다."

손쉬운 대체 걷기 코스 개발하기

코스를 선택해서 주말이나 공휴일 등을 택해 걷기를 할 때에도 조각난 자투리 시간들이 많다. 평일 날 출퇴근 시간, 퇴근하고 난 다음 저녁식사 후의 시간을 잘 이용해야 한다. 코스와 목표량을 정해 놓고 최대한 많이 걸을 수 있는 방법을 강구해야 한다. 거창한 운동계획을 만들지 말라. 그것은 사람의 마음에 부담을 주어서 다이어트를 계속할 수 없게 만들지도 모른다. 아주 부드럽고 관대하게 자신의 몸과 마음을 대할 필요가 있다. 무엇이든 무리하면 부작용이 생겨난다.

나는 그런 경험을 많이 해 보았다. 걷기 시작한 이후 어느 정도 몸에 군살이 빠졌으나 최종적으로 남는 뱃살이 문제였다. 뱃살만 잡으면 당초 계획한 다이어트는 성공적인 대미를 장식하는 셈이다. 어떻게 해야 최후로 남은 뱃살을 제거할 것인가에 대해 잔뜩 기대가 부풀어 있었다. 주변에 이런저런 조언을 구한 다음 줄넘기가 좋다는 결론을 내렸다.

혼자 할 수 있고 비용이 들지 않으며 비교적 하기 용이한 것이기에 이것보다 효과적인 운동이 없겠다고 생각한 것이다. 그래서 아침과 저녁으로 줄넘기를 한 시간씩 하기로 작정을 하고 잔뜩 기대를 했다. 하지만 호사다마好事多魔라는 말이 있듯이 이틀 동안 줄넘기를 하고 나니까 무릎이 시려서 더 이상 줄넘기를 할 수가 없었다. 뱃살을 잡기 위해 야심차게 준비한 결심인데 더 이상 실행할 수가 없었다. 자연스레 운동을 거르는 날이 많아졌고 나는 점점 슬럼프에 빠져 들었다. 그 후 상당기간 줄넘기는 물론이고 다른 운동도 하지 않은 채 시간을 허비하고 지냈다. 누가 어떤 방법으로 다이어트에 효과를 보았다는 것은 그 사람의 경우에 해당되는 방법이다. 순진한 생각에 나에게도 그런 효과가 나타날 것이라고 기대해서는 안 된다. 나에게는 나에게 적합한 방법을 찾아야 한다. 그것을 알아내는 것이 중요하다.

  평소 자투리 시간이 날 때 평화누리길을 걷는 것 외에 좀 더 걸을 수 있는 4개의 코스를 개발했다. 집 근처에서 손쉽게 걸을 수 있는 시간과 방법을 생각해 본 것이다. 먼저 지루함을 덜기 위해서는 시내 중심의 번화가나 시장 통을 관통하는 걷기 코스를 설계해 둘 필요가 있다. 다른 사람들이 살아가는 모습을 보면서 걷는 것은 지겨움을 달래준다.
  이런 경우 걸어서 가는 코스는 길어도 2시간 이내에 돌아올 수가 있어야 한다. 여름같이 해가 떠 있는 시간이 많을 경우 차를 타고 인근에 있는 걷기 좋은 산으로 가서 1시간 정도 산속을 걷다 오는 것도 좋다. 주로 걷는 시간은 새벽 시간이 될 수도 있지만 대부분 퇴근하여 식사를 하고 난 다음의 밤 시간이나, 토요일 오후, 평화누리길 걷기코스를 가지 못하는 경우의 대체 시간이다.

  내 집 앞에는 공릉천이 흐르고 있다. 양주시에서 발원하여 고양시를 지나 파주 성동리 통일동산 한강하류로 합류되어 서해로 흘러 들어가는 구불구불한 사행천이다. 공릉천변에는 자전거를 포함한 걷기 코스를 잘 만들어 놓았으며 하구로 내려갈수록 하상의 폭이 넓어 갈대가 지천인 아름다운 모습이 연출된다. 그곳에서는 철새들을 흔하게 볼 수 있다. 왜가리, 백로같이 날개와 키가 크고 유순한 새들이 유유히 시간을 보내고 빈 들녘에는 기러기와 같은 새들이 떼를 지어 모이를 먹고 있는 풍경들을 자주 볼 수 있는 그야말로 철새들의 낙원이다.

언젠가 〈칼의 노래〉를 쓴 김훈이 자전거를 타고 이 코스를 돌아다니는 것을 본 일이 있다. 이곳을 걸어 하구까지 가면 나는 순천만을 옮겨다 놓은 것이 아닌가 하는 착각에 빠질 정도로 만족한다. 시간이 되는 대로 왕복 2시간 정도의 거리를 정해 놓고 어슬렁거리면서 걷는다. 길 위에 서면 가족에 대한 그리움이 전신을 파고든다. 그럴 때 나는 핸드폰으로 녹음을 하면서 가족의 사랑을 절절히 노래한다. 자연을 보면서 나도 모르게 입으로 내뱉는 독백들은 바로 한 편의 시가 되기에 족하다. 건강해야지, 건강하게 걸어서 가족의 튼튼한 기둥이 되어 주어야 한다고 결심하고 되뇌이면서 길을 걷는다. 먼 곳으로부터 발원하여 엉금엉금 뱀처럼 기어와서 한강과 서해로 흘러드는 공릉천의 성공적인 흐름을 지켜보면서 나도 내 가족을 위해 강처럼 끈질기게 그렇게 기어서 생명에 가 닿게 해달라고 기도한다.

주여, 새벽 강에 나와 당신께 기도합니다
웃음이 해맑은 늦둥이가 자라는 동안
어린 것의 필요를 충족시켜주지 못해
마음에 노여움이 자라나지 않게 하옵소서

무능한 당신을 만나 인생을 망쳤다고
하소연을 늘어놓던 어머니의 생을
내 아내가 물려받지 않게 하옵소서

참새, 산비둘기, 두루미와 같은 새들과
이름 없는 온갖 들꽃과 갈대를 기르며
도도하게 굽이쳐 생명을 다다르는
저 강처럼 그렇게 살아가게 하소서

(어느 가장의 기도, 전편)

나는 사는 것이 답답하면 공릉천변을 자주 찾는 편이다. 구차한 살림을 사느라 스트레스가 이만저만이 아닐 때 이곳에 나와 자연을 보면서 걸으면 움츠렸던 삶의 의욕이 되살아난다. 의학적으로는 세로토닌이 분비가 되어 그렇다고 한다. 나는 세로토닌이 무엇인지는 모르지만 걸을수록 내 몸의 시들어 가는 세포들이 서서히 살아나는 것을 느낀다. 공릉천변을 자주 걸으면서 코스를 점차 더 멀리 잡아야 겠다는 결심을 하게 된다. 조지 쉬언은 이럴 때 나의 위안이 된다.

> "운동을 한다고 좋은 심성이 만들어 지는 것은 아니다. 사실은 그것 이상의 일이 일어난다. 운동을 통해 인간은 자유로워진다. 운동을 할 때, 인간은 자신에게 얼마나 많은 가능성이 숨어 있는지 깨닫게 된다"
>
> (조지 쉬언, p14)

구시가지를 걷는 재미도 쏠쏠하다. 파주 금촌은 택지지구로 지정되어 택지가 조성되어 있고, 인근에 운정이라는 일산보다 더 큰 신도시가 만들어져 더욱 발전하고 있으며 운정 3지구의 개발로 앞으로는 더 많은 인구가 유입되어 발전이 가속화 될 것으로 예상된다.

내가 살고 있는 파주 금촌에도 이런 바람의 덕으로 금릉택지지구에 새로 지은 아파트 단지가 몰려 있다. 경의 중앙선 금릉역에서 금릉택지지구 아파트 단지로 들어가는 길목은 신 로데오 거리가 형성되어 도로 양쪽으로 상점들이 즐비한데 임대료가 엄청나서 자주 점포의 이름들이 바뀌는 것을 본다. 하지만 나는 이런 로데오 보다 금촌역이 있는 금촌의 옛 구시가지에 더 정이 간다. 파주 금촌의 진면목은 구시가지에서 볼 수 있어 그곳을 걸으면 사람 사는 구수한 냄새를 맡을 수 있어서 좋다.

당연히 구시가지의 중심에 금촌 재래시장이 있다. 1,6일 장이 서기도 하지만 상설 시장도 있다. 나는 이 시장통을 걷는 것이 좋다. 만원 한 장의 위력이 아직도 건재해서 몇 만원 들고 이곳을 지나가면 마치 주인공이 된 듯한 느낌을 받기도 한다. 성실밖에 모르는 신을 닮은 사람들의 모습을 보는 일 역시 내 마음을 상쾌하게 한다. 이런 사람들의 살기 위한 모습을 바라보면 내 삶이 정화되는 것을 느낀다. 가족들을 위해 조금 이라도 더 팔려고 애를 쓰는 그들의 모습에서 생명과 삶의 경건함을 느낀다.

그래서 나는 집을 나와 시장통을 관통하여 금촌 구시가지를 일주하는 코스를 걸은 후 집으로 돌아온다. 이렇게 하면 1시간 40분 정도가 걸린다. 집에 돌아와 샤워를 하고 잠자리에 누우면 절로 잠이 쏟아진다. 나는 마치 소녀처럼 아무 소리도 없이 웅크린 채로 깊은 잠에 빠져든다. 하나님은 사랑하는 자에게 잠을 허락한다고 하셨는데(시편 127:2) 걷기를 좋아하는 자는 하나님이 좋아하는 자임이 틀림이 없다.

어디 그것뿐인가. 산이 많은 우리나라의 경우 서울 시내에 위치한 번화한 곳이 아니라면 서울의 변두리 내지 수도권 주변에는 걸어서 1시간 정도 돌아다닐 수 있는 얕은 산들이 동네마다 하나씩은 다 있다. 대개 먹고 살기에 바쁜 직장인 들은 그런 산의 존재를 모르고 살아가기 마련인데 시간이 날 때 내가 사는 동네에 무엇이 있나를 생각하면서 걷다가 보면 생각하지

도 못했던 그런 보석들을 만날 수 있다. 나 역시 내 집 뒤에 황령산이라고 하는 산이 이어져 있는 것을 보고 놀랐다. 그 이후 가끔씩 그 산에 오르게 되었는데 왕복 1시간 30분 정도의 걷기 코스로는 아주 좋은 곳이다.

동네 산을 걷는 것이 지루해 질 때쯤 되면 집에서 차로 30분 이내에 가 닿을 수 있는 인근의 산을 걸어보는 것도 좋다. 여기에는 한두 가지 정도의 전제가 있다. 내 집 인근에 있는 이런 산은 오고 가는데 시간이 걸리므로 해가 긴 여름에 이용하기가 좋은 곳이다. 그리고 힘든 코스가 아닌 곳이면 좋을 것이다. 파주 금촌에서 차로 20분 거리인 광탄면에 만장산이 있다. 낮은 산

의 둘레를 걷는 것인데 1시간이면 족하다. 여름날 퇴근하여 저녁을 먹고 7시에 올라도 둘레 길은 8시면 다 돌 수 있다. 참나무 숲이 우거지고 울창해서 이곳에 들어와 걸으면 딴 세상에 온 것 같은 느낌을 받고, 피톤치드의 향기가 전신을 파고드는 평안함을 느낀다. 가을에는 도토리가 지천인데 그것들을 줍느라 허리를 굽히고 펴고 하다보면 운동이 된다.

하루 만 보 이상 걷기

나는 하루 만 보 이상 걷는 것을 목표로 하고 있다. 경험상으로 볼 때 걷고자 하는 열의만 있다면 매일 만 보를 걷는 것은 그다지 어려운 일은 아니다. 나에게 만보는 주로 출퇴근의 동선, 식사를 마치고 난 점심시간, 직장에서 늦게까지 행사가 있을 때 저녁 먹고 난 후의 휴식시간 등을 이용한다. 만보기를 찰 필요가 없다. 요즘 핸드폰에 걷기 관련 앱을 설치하면 하루의 걸음걸이 수, 걸은 거리, 소모 칼로리 등이 자동 계산되어 나오고 일별, 주별, 월별 걷기 실적도 데이터로 저장된다.

그 외에도 건강에 관련된 맥박, 호흡, 스트레스의 정도도 측정해주고 좋은 음식도 추천을 해준다. 일반적으로 만보는 7km, 걷는 시간은 1시간 20분 정도 소요되며 이때 소모되는 칼로리는 300kcal 정도다. 개인적으로 차이가 있는데 나의 경우를 보면 직장 주변의 평지로 된 거리를 걷거나 평지와 연결된 계단으로 된 낮은 산을 걸어서 넘는데 만보를 걸으려면 7.3km, 소모되는 칼로리는 470kcal 정도로 측정되었다.

한국영양학회에서 제공하는 연령별 칼로리 권장량은 성별, 나이에 따라 상이하다. 예를 들면 남자의 경우 20세~49세까지는 2,500kcal며 50세~64세의 경우 2,400kcal다. 이런 기준으로 보았을 때 내 경험으로 만보는 하루 권장 에너지양의 1/5 정도를 소모하는 정도다.

얼마 전 단풍이 짙어 가는 10월 하순 지리산 백무동 계곡에서 하동바위 코스를 통해 천왕봉을 오른 적이 있다. 아침 7시에 올라 오후 2시에 백무동으로 다시 돌아왔으니 중간중간에 휴식한 시간을 포함하여 7시간을 걸은 셈이다. 걷기 앱을 통해서 보니 3만보를 걸은 것으로 나오고, 거리는 17.6km에 소모 칼로리 양의 1,790kcal였다. 하루에 3만보를 걷는다고 하면 영화로 유명해진 남부 아프리카의 부시맨들이 하루에 걷는 보행수가 3만보라고 한다. 오래된 생존에도 불구하고 그들은 현대화된 삶을 선택하지 않아 서구인들의 호기심거리가 되었다. 주당 최소 16시간 정도 수렵활동을 하는 그들은 현대인이 자주 앓는 비만이나 당뇨, 고지혈 등 대사 증후가 없고 혈관도 깨끗하다. 그도 그럴 것이 피자나 치킨 같은 패스트푸드를 먹지 않고, 음식을 오래가게 하기 위해 방부제를 첨가한 식품도 먹지 않는다. 그리고 튀긴 음식이 아닌 채식 위주의 식사를 한다.

현대인이 많이 섭취하여 문제가 되고 있는 트랜스 지방도 섭취하지 않으면서 하루에 3만보 이상을 걸어 다니니 혈관이 깨끗할 수밖에 없다. 전력을 다해 지리산 백무동계곡 출발지점에서 1,915m 천왕봉 정상을 올라갔다 내려 올 때 소모되는 칼로리는 3만보의 거리를 걸었을 때 소모되는 양과 동일하다. 물론 산 정상으로 가는 길은 평탄한 지형이 아니고 주로 바위가 많은 고지와 저지가 반복되어 운동의 강도와 체력의 한계를 경험하는 정도는 상당히 다름에도 불구하고 평지에서 만 보를 걷는 것을 우습게 볼 것이 아니다.

차를 버리기

도시에 사는 사람, 특히 직장인이 하루 만 보 이상을 걸으려고 하면 보통 어려운 일이 아니다. 하지만 간단한 방법이 있다. 타고 다니는 차를 버리고 중요한 곳은 지하철과 버스와 같은 대중교통을 이용하고 나머지는 걸으면 된다. 운전도 일종의 습관이어서 운전에 인이 배긴 사람은 3발자국 이상 걸을 일이 생기면 차를 탄다는 우스갯소리가 있다. 요즘은 많이 달라졌지만 예로부터 기사가 딸린 사장님들의 첫인상으로 복부가 튀어 나온 중년의 남자를 연상한다.

이동할 때 버스나 전철과 같은 대중교통을 주로 이용한다. 집에서 출근하는 전철역까지 걸어가고 내려야 할 목적지를 한 정거장 앞서 내리거나 뒤에 내려서 그 만큼의 거리를 걸어서 온다면 더 많이 걸을 수 있게 된다. 차를 세워 놓고 걷기를 일상화 하자. 요즘은 자동차 보험도 연 1만km 이내로 운행하면 15%의 보험료를 인하해 준다. 건강에 도움이 되고 보험료도 줄일 수 있으니 일거양득이다.

사람들은 살아가는 동안 현재보다 더 나은 미래를 위해 투자를 하게 된

다. 여러 가지 투자 중에서 건강에 대한 투자만큼 경제적인 투자가 없다. 하루에 만 보만 걸을 수 있다면 병원에 자신의 몸을 맡기거나 한 푼 써 보지도 못하고 힘들게 번 돈을 병원에 갖다 바치지 않아도 될 것이다.

내 경우에는 집에서 나와서 출근하는 전철역까지 15분이 소요되는데 1,800보를 걷는다. 홍대 전철역에 내려야 하는데 한 정거장을 더 가서 신촌역에서 내려 직장까지 걸어오면 2,200보를 더 걷는다. 아침 출근시간에만 4,000보를 걷는다. 물론 이렇게 하려면 일찍 집을 나와 여유를 가지고 걸어야 한다. 점심을 먹고 난 이후에는 직장이 있는 신촌 시가지를 걸어서 와우산 입구까지 걸어갔다가 산을 넘어 다시 사무실로 되돌아오는데 4,000보 정도를 더 걷게 된다. 오후에 일을 마치고 사무실에서 전철역으로 가서 전철을 탄 다음 다시 전철역에서 내려 집까지 오는데 2,500보를 걸으니 하루 10,500보를 걷는 셈이다. 여기에서 조금 더 시간적인 여유가 있을 때에는 자연스럽게 코스를 늘리거나 아니면 집에 들어와서 저녁을 마친 후에 1시간 정도 산책을 한다면 16,000보~17,000보 정도는 걷게 되는 것이다.

집에 돌아와 저녁상에서 아내와 운동에 관한 이야기를 하다가 "나는 어느 직장을 가던지, 어떤 형편 하에서도 하루에 1만보 이상 걸어 다녔다. 그러고 보면 나는 훌륭한 산책가인 셈이었다" 라고 말하자 아내는 내가 훌륭한 산책가라는 이야기에 웃음으로 화답했다. 사실이 그랬다. 나는 어느 직장을 가더라도 그 주변의 거리와 공원, 야산을 택해 시간이 나는 대로 걸었다. 직장이 강남에 있을 때는 선릉을, 숙대에서는 효창공원을 지금 직장에서는 와우산을 걷는다. 걷는 것은 나의 몸을 건강하게 하고 삶의 여유를 주며 새로운 반성과 결단 그리고 기도를 낳는다. 걸을 때 내 삶은 안정되고 꿈을 꿀 수 있게 된다.

〈달리기와 존재하기〉를 쓴 심장병 전문의이자 달리는 러너이기도 한 조지 쉬언은 말한다.

"지루한 일상에서 벗어나 한 시간 동안 달리는 동안 나는 재미와 즐거움을 느꼈다. 그렇게 한 시간 동안 놀다가 그만 나의 참 모습을 발견했다. 아니, 되찾았다".

(조지 쉬언, p237)

나 역시 길을 걷게 되면 나의 최적의 육체와 정신을 느낀다. 나는 길 위를 걸을 때 내 몸이 풀리는 동시에 자유스러움을 느낀다. 동시에 여러 가지 건설적인 아이디어들이 분출된다. 다시 말하면 나는 걸으면서 온전한 인간으로 다시 태어나는 것을 발견한다.

6
/
걸으면서 배우는 것

느리게 걷기 #6

/

"걷다 보면 길 위에서 새로운 깨달음을 얻고
지금까지 내가 살아온 삶의 방향을 수정해야 한다는 결심을 가지고
다시 일상으로 돌아온다."

걸으면서 다시 태어난다

다이어트가 정신적인 문제라는 것은 이미 설명한 바 있다. 그리고 다이어트의 중요한 실천 수단으로 걷기를 이야기했다. 많은 책과 영화에서 걷기가 다이어트에 효과적일 뿐만 아니라 어긋난 한 인간의 삶을 바로 치유하는 교정 수단이기도 하며 인간의 능력을 새로운 차원으로 고양시키는 방법임을 인정하고 있다.

영화 마틴 쉰 주연의 〈The way〉는 스페인 북부에 있는 〈카미노 데 산티아고〉 즉, 예수님의 12제자인 야고보의 무덤이 있는 800km의 산티아고 순례길을 걷는 영화다. 왜 사람들은 이런 길을 걸어야만 할까? 많은 사람들이 그 길을 가야하는 저마다의 이유들이 있다. 누구는 다이어트를 위해 이 길을 걷는다. 어디 그것뿐이겠는가. 누구는 담배를 끊는 결단을 위해 이 길을 걷기도 하고, 아니면 그림이나 소설과 같은 예술작품의 창작을 위해, 어떤 철학자는 그의 철학 이론을 구상하기 위해 이 길을 걷는다.

이 영화에서처럼 산티아고 순례길을 걷는 도중 사고로 죽은 아들의 유해를 찾아 화장을 한 다음 그 유골을 들고 못다 걸은 아들의 순례길을 대신 걸어가는 아버지도 있다. 이 영화가 우리나라에 소개된 이후 순례길을 걷는 여행상품도 쏟아졌고, 이 길을 걷는 사람들이 많아졌으며 산티아고 걷기와 관련된 책만 10여 권이 쓰이기도 했다.

〈걷는 일〉이 망가진 자신의 육체를 바로 세우는 대책일 뿐만 아니라, 망가지고 고장 난 한 인간의 삶을 바로 치유하고 세우는 것임을 영화 〈Wild〉가 잘 보여준다. 장 마크 발레 감독이 연출하고 리즈 위더스푼이 주연한 이 영화의 원작은 2012년 셰릴 스트릴이라는 여자의 자전적 실화를 책으로 출간한 것으로 뉴욕타임즈의 장기 베스트셀러이기도 했다.

더 이상 잃을 것이 없는 한 여자의 걷기에 관한 이야기다. 20대 초반이었던 셰릴 스트릴은 알콜 중독에 폭력을 쓰는 아빠와 살면서 엄마의 보호아래 남동생과 우울한 시절을 보낸다. 그러다가 잠시 엄마와 더불어 행복한 시간을 보내는 듯 했지만 그것은 오래가지 못했다. 셰릴은 어린 남동생과 자신을 키워준 보호자이자 자신의 삶의 전부이기도 했던 엄마가 암으로 죽자 자신을 지탱하고 있던 삶의 기둥뿌리가 사정없이 무너져 내리는 아픔을 겪게 된다.

우울증에 빠진 셰릴은 남편과 이혼을 한 후 헤로인 중독과 문란한 섹스에 빠지는 등 자신의 삶을 포기한 채 거의 폐인의 삶에 이르게 된다. 유한한 인간이 거친 이 세상을 살다보면 누구에게나 더 이상 떨어질 수 없는 막장의 경험을 하는 때가 있다. 그 순간은 나이가 들어서 이 세상에서 더 이상 쓸모가 없어지게 되는 때에 찾아오기도 하지만 자신이 잘못 선택한 방탕한 삶으로 인해 젊은 날에도 찾아 올 수가 있다. 나는 내 나이 오십이 넘어 이런 막장을 경험하고 바닥에서 벗어나기 위해 몸부림을 친 적이 있다.

막장을 이해하는 것은 쉬운 일이 아니다

막장인생, 막장사랑, 막장드라마

말로만 막장을 수없이 되 뇌이면서도 몰랐다

막장의 길을 가보지 않았기 때문이다

눈에 보이는 껍데기만을 어루만지며 살았고

세상의 뜨거운 맛에 울어 보지 못해 그랬다

막장을 이해하는데 오십년의 세월이 걸렸다

막장이 되지 않고서는 막장을 이해할 수 없고

비워 깨끗해지지 않고는 막장을 볼 수 없다

막장은 서러운 것이다

막장은 정말 서럽고 더러운 것이다

막장은 빠져 나올 수 없는 절망이다

막장을 살면 저절로 막장이 보인다

나는 이미 막장에 들어섰다

막장을 깨달은 순간 나는 희망을 보았고

막장에 들어서면서 나는 다시 세상을 얻었다

(막장을 위하여, 전편)

BASED ON THE NEW YORK TIMES #1 BEST SELLER

"Powerful, touching and thought-provoking. Reese Witherspoon gives the performance of her career."
MARIE CLAIRE

ACADEMY AWARD® WINNER
REESE WITHERSPOON

Wild

FROM THE DIRECTOR OF DALLAS BUYERS CLUB

막장은 사람의 나이나 남녀를 구분하지 않고 찾아오며 그것은 신이 자유로운 의지를 허용한 인간에게 주는 무서운 시련이기도 하다.

"어쩌다 이런 쓰레기가 되었는지 몰라"

영화에서 셰릴이 자신을 향해 내던진 말이다. 인간에게는 항상 성恒常性이라는 것이 있다. 아무리 망가져도 정상 상태를 찾아 가고자 하는 인간의 유전자에 탑재된 회복능력이다. 이 절체절명의 위기 앞에 셰릴이 택한 것은 다름 아닌 바로〈걷기〉였다. 영화가 시작되면서 산더미 같은 배낭을 짊어지고 그 무게에 눌려 일어서지 못하고 발버둥을 치는 여주인공 역을 맡은 리즈 위더스푼의 모습이 눈에 선하다.

앞서 이야기했듯이 막장을 벗어나기 위해 셰릴은 많은 길들 중에 하나의 코스를 선택하게 된다. 이 때 그녀는 자신의 영혼과 육체를 바로 세우기 위한 코스로 PCT를 선택하기로 한다. 이 코스는 멕시코 국경에서 캐나다 국경에 이르는 4,285km를 걷는 태평양종주여행길PCT : The Pacific Crest Trai)이다.

그녀는 걷는 동안 사막과 초원. 산과 화산지대, 호수와 늪지대, 우거진 국유림과 국립공원을 지나고 25개에 달하는 국유림과 7개의 국립공원. 최종 목적지점인 컬럼비아 강을 지나는 신의 다리에

도달할 수 있었다. 먼 거리를 걷는 동안 그녀는 자신에게 내재한 분노와 상처의 기억과 마주하며 걸으면서 엄마를 포함한 자신이 살아온 삶에 대해 뼈저린 성찰을 하게 된다.

"나는 엄마를 없는 사람인 양 막 대했다. 엄마가 떠나가고 나니 전부였다"

그녀는 자신의 전부이기도 했던 엄마에 대해 미안한 마음과 현재 막장에 선 자신의 모습은 엄마가 바라는 딸의 모습이 아니라는 깨달음을 얻는다. 영화의 마지막 엔딩 부분에 가서 그녀는 PCT 코스를 걸으면서 얻은 결론을 독백한다.

"내겐 지켜야 할 약속과 잠들기 전 가야할 길이 있다"

걷고 난 후 비로소 그녀는 엄마가 원하는 딸이 되기로 결심을 했다. 그녀는 4년 뒤 새로운 남자를 만나 결혼을 하고 3명의 자녀를 낳았으며 새로운 삶을 찾았다. 삶의 방황을 통해 그녀는 예방주사를 호되게 맞은 셈이다. 셰릴은 다시는 흔들리지 않으리라. 하지만 흔들린다고 한들 그것이 무슨 문제가 될 것인가. 인생은 흔들리며 가는 것이고, 셰릴은 흔들리면 다시 길을 떠날 것이다. 그녀의 대사는 인생의 진면목을 그대로 나타내 주는 말이다.

"불행에 빠진 자신을 건져 올릴 수 있는 것은 다른 누구도 아닌 오직 나 자신 뿐이었다"

맞는 말이다. 한 인간이 나락에 빠졌을 때 그것을 구해주는 것은 오직 자신밖에 없다. 결국은 자신의 힘과 수단으로 일어서는 것만이 올바른 〈홀로서기〉다. 그래서 우리는 자신이 어떤 존재인지를 깊이 성찰하고 바라보아야 한다. 자신을 깊이 있게 바라보고 느끼고 깨우치며 자신의 한계와 능력을 알기 위해서라도 걸어야 한다. 좀 야박한 이야기로 들릴지 몰라도 결국 혼자 밖에는 없다. 나는 이것을 어머니가 암으로 돌아가실 때 알았다.

사랑하는 자식도 남편도, 부모도 그 누구도 어머니의 극심한 통증을 대신 아파해 줄 수도 없었고, 사랑하는 자식마저도 어머니의 암과의 전쟁을 대신해 줄 수 없었다. 오직 전쟁은 어머니 혼자만의 전쟁이었다. 그것이 사랑하는 사람들이 느껴야 하는 비극이다. 살아가다가 어떤 어려움에 처해서 누군가의 도움을 받아 그 문제를 일시적으로 해결하더라도 그것은 해결된 것이 아니다. 두 발로 스스로 일어서지 않고 타인의 도움을 받아 일어섰다면 미안하지만 그것은 일회용에 불과하다. 그 사람의 살과 피가 되지 못한다. 이야기를 이쯤하자 알고 지내는 한 친구가 생각난다.

돈 만원 벌자고 똥 콜을 마다않고
새벽녘 장릉長陵까지 들어갔다가
겨울 칼바람을 맞으며 울며 나온 친구야
남한산성 사지로 숨어들 수밖에 없었던
서럽던 임금의 환영이라도 보았느냐

밤 열두시 부대찌개 집 마루에 걸터앉아
서울로 나가는 삼만원짜리 콜만 뜨면
무조건 찍고 뜰거라며 칼날을 세운다

그래도 뒷좌석에 술 취해 쓰러진 화상들은
자기 보다는 죄다 실력이 나은 놈들이라며
입가에 씁쓸한 미소를 지어 보인다

이젠 더 이상 떨어질 곳도 없기에
앞만 보고 달려 갈 수밖에 없겠구나
무슨 죄를 그리도 많이 지었길래
매일 밤 쓰러진 술통들을 실어 나르며
삼능 오골을 찾아 헤매야만 하는 것이냐

대책 없는 너의 긴긴 겨울 밤길과

좌충우돌하는 네 삶의 난감함을 위해

내 여기 목도리 하나 사서 보낸다

목이라도 데우고 네 삶을 보전하거라

대명천지에 너를 다시 세울 자는

너 자신 밖에 없음을 명심해다오, 친구야

(친구, 전편)

* 똥 콜 : 가격이 형편없거나 늦은 밤 돌아 나올 차가 없는 시간이나 장소 등 대리 운전기사들이 싫어
  하는 콜
* 장릉(長陵) : 파주시 탄현면 갈현리에 있는 조선 제16대 임금인 인조와 인조의 비인 인열왕후의 합장
  릉
* 삼능 오골(三陵五骨) : 3개의 능과 5개의 골짜기가 있는 파주의 오지 마을

　이 친구는 사업이 망해 많은 빚까지 졌다. 그는 낮에는 직장을 나가고 밤에는 대리운전을 하면서 재기를 위해 몸부림을 쳤다. 몇 달 새 그는 살이 많이 빠져 있었다. 이유를 물어본즉, 대리운전도 경쟁이 붙어 콜이 떨어졌을 때 신속하게 술 취한 손님이 있는 곳으로 달려가지 않으면 인내심이 부족한 손님들은 바로 다른 업체에 전화를 걸어 대리운전자를 교체하기 때문이라고 했다.

　그는 콜을 받으면 마치 달리기 시합이라도 하는 것처럼 달려가야만 했다. 또 손님을 차편이 없는 한적한 곳에서 내려 준 뒤에는 차가 다니는 곳까지 나오기 위해 걷거나 뛰어야만 했다. 그 길은 어떤 때는 인적이 끊긴 시골 오지이거나 공동묘지가 있는 으시시한 곳이기도 했다. 그 친구는 아직도 매일 어두운 밤길을 걷고 있다. 그렇게 열심히 걷다 보면 막장을 자신의 힘으로 딛고 빠져 나올 날이 있을 것으로 믿는다. 〈걷기〉는 치유하는 능력이 있으니까.

갇히지 마라, 떠나라

현대를 살아가는 우리 모두는 어느 정도씩은 정신적인 질병을 앓고 있다. 다만 정도의 차가 있을 뿐이다. 세상은 문제 투성이여서 살다보면 이런 문제들과 직면하게 되므로 온전한 정신으로 살아간다는 것이 쉽지 않다. 살이 찐다는 것 역시 정신이 건강한 균형을 상실했다는 것을 증명하는 것이다. 각종 스트레스가 사람의 몸을 상하게 하고, 상한 몸은 다시 사람의 정신을 상하게 한다. 사는 일이 힘겹고 이런저런 해결할 수 없는 고민들이 늘어나면 무력감에 우울해져서 의욕이 줄어든다. 그러면 자연히 몸을 움직이는 일이 적어질 뿐만 아니라 스스로 자신을 빛이 들지 않는 어두운 감옥에 가두어 버린다.

이럴 때는 이유를 불문하고 무조건 집을 떠나야 한다. 집을 떠나서 가까운 곳에 있는 자연속의 산과 들을 걷는 것이 좋다. 조금 걷기 시작하면 몸이 더워지고 세로토닌이 분비되면서 기분이 점차 좋아지기 시작한다. 나는 이때 주로 공릉천변을 걷는 것으로 시작한다. 구불구불 기어서 한강과 서

해로 흘러드는 공릉천변의 고수부지 위를 걸으면서 깊은 호흡을 하게 되면 지난 세월 내가 잘못했던 일들에 대한 반성들이 하나 둘 씩 떠오르면서 이렇게 살아서는 안 된다며 자신을 뉘우치게 되고 내 인생을 바로 세우기 위한 묘책들이 하나 둘 씩 머릿속을 비집고 들어온다. 그것은 자연을 걸을 때 얻을 수 있는 보너스다. 나는 떠오르는 영감들을 붙잡고 몇 번씩 소리 내어 본다. 계속 시도되는 나의 독백은 어느새 하나의 시詩가 된다.

"갇히지 마라. 떠나라. 갇힌 울타리를 조금만 벗어나도 절망은 희망으로 바뀌고 새로운 대안들이 생겨나게 된다. 안에 갇혀서 우울한 일상을 살지 마라. 이렇게 나오기만 해도 길이 열리고 꿈이 보이고 결단이 생기는 것을. 걸어라 희망하라 그리고 사고하라. 보다 더 넓게 사고하고 보다 더 선하게 사고하고 보다 더 깊게 그리고 따뜻하게 사고하라. 세상을 위해서, 진리를 위해서 그렇게 하라. 그리하면 동력을 얻게 되리니 새롭게 힘을 얻어 항해해 나아갈 수 있는 힘을 얻게 되리라."

(동력을 위하여, 전편)

걷는 것은 어떤 문제에 직면했을 때 그것을 돌파할 새로운 대안을 마련하기 위한 준비운동이기도 하다. 결국 그 문제는 나의 잘못된 생각과 처신, 속이 좁은 탓으로 생겨났으며 이 문제를 해결하기 위해서는 결국 나의 변화된 태도에 달려 있다는 것을 알게 된다. 그리고 다소 진부하게 들릴 수도 있겠지만 정의, 정직, 성실, 선, 진리와 같은 추상명사들을 내가 행하는 어긋난 언행심사의 기준이 되게 함으로써 모든 문제들을 해결할 수 있게 된다. 나는 지금까지 정의롭지 못했고, 정직하지 못하고 거짓말을 자주 했으며, 불성실했고, 선하지 못한 악한 부류였으며 진리를 벗어나 개인의 이익을 위해 합리화해온 무뢰한이었기에 고통을 받을 수밖에 없었다. 걷는 것은 자유로운 정신을 일깨우고 그 깨우침은 내 삶을 바로 세운다.

이런 연유로 세상의 많은 위대한 법칙과 철학적인 사유들이 자아를 성찰하기 위해 떠난 길 위에서 이루어졌다. 걷는 것은 육체적으로 칼로리를 소모하는 것 이상으로 정신을 고양시킨다. 그런 점에서 걷기는 육체와 영혼을 포함하는 전신 운동이며 사람의 삶을 증진시키는 동력이다. 나는 가끔씩 하는 일이 잘 안 풀리고 힘이 들 때면 훌훌 털어 버리고 걷기 위해 집을 나선다. 걷다 보면 길 위에서 새로운 깨달음을 얻고 지금까지 내가 살아온 삶의 방향을 수정해야 한다는 결심을 가지고 다시 일상으로 돌아온다. 갇히지 마라. 자유로워야 한다. 집 안에 갇히지 말 것이며 정해진 사고의 틀에도 갇히지 마라. 사는 것이 힘이 들면 길을 걸어라. 걷는 동안 당신은 문제 해결을 위한 전사가 되어 있을 것이다.

걸으면서 삶의 8할이 기다림이라는 걸 알았다

삶이란 무엇인가? 저마다 살아온 길이 다르고 겪었던 경험 역시 상이한 만큼 다양한 정의가 있을 것이다. 길을 걷는 일은 편리함으로부터 탈피하는 일이고 빠른 것에서 느림으로 이행하는 일이기도 하다. 그리고 기다림이 많아진다. 우선 아침이 밝아 오는 것을 기다리게 된다. 깊은 시골 아무도

없는 인적 드문 산길이나, 강가를 사색하며 걷는 자신을 떠올리며 그곳에 가 있기를 기다리며 잠에 든다. 자가용을 운전해서 가는 것이 아니라 걸어서 버스를 기다리고 내려서 걷는 일의 연속이므로 인적이 드문 새벽 버스 정류소에서 새벽차를 기다린다.

요즘 컴퓨터와 자막을 결합하여 실시간 운행 정보를 알려준다고는 하지만 장시간 버스가 오기를 기다리는 일은 대신해 줄 수 없다. 기다리다가 차가 연착이 되거나, 버스 기사가 나를 알아보지 못하고 그냥 지나쳐 가 버리는 날이면 어쩔 수 없이 다시 수 십 분을 기다려야만 한다. 그런 때면 배낭을 벗어 다시 집으로 들어가고 싶을 만큼 다운이 된다. 어렵게 기다렸다가 버스를 타더라도 버스는 이 길 저 길을 돌고 이 골목 저 골목을 돌아 지겹도록 느리게 운행한다. 시골 버스라는 것이 시간을 지키는 점에 있어서는 좀 그렇다. 어떤 날에는 낯선 곳에서의 기다림이 무료해 걷기를 포기하고 싶을 때가 한두 번이 아니다. 주로 걷기 코스로 가는 버스는 어떤 공장이나 학교처럼 사람이 모인 곳이 아니라 낯선 오지인 경우가 많다.

평화누리길 3구간을 걷던 중 파주 문산읍 장산 1리에서 걷기를 마치고 집으로 돌아가기 위해 문산으로 나가는 버스를 40분 정도 기다리다가 낯선 곳에서 오지 않는 버스를 기다리고 서 있자니 갑자기 우울해 졌다. 나는 사람들이 버스를 타고 모두 떠난 빈자리에 홀로 남겨져 있었다. 사람들은 결단이 빨랐다. 그들은 익숙하게 결정했고, 목적지를 향해 떠나갔다. 하지만 내가 원하는 곳으로 가는 버스는 잘 오지 않았고 나는 오지 않는 버스를 기다리며 자신을 자책하고 세상을 원망하였다. 오지 않는 버스를 기다리는 것 보다 차라리 한 걸음이라도 걷기 시작하는 편이 더 나았을 것이다. 버스를 기다리는 동안 나는 내 인생이 이처럼 무언가를 계속 기다리면서 여기까지 왔다는 생각이 들었다.

걷는 동안 낯선 동네나 길가 정류소에서 몇 십분 기다리는 일은 아무것도 아니었다. 평화누리길 파주 4구간 장남면 사무소에서 노곡리 비룡대교를 향해 걷던 중이었다. 걸어 가다가 날이 저물 것을 염려하여 원당리에서 걷기를 중단하고 읍내로 나가는 버스를 기다리기로 했다. 시간은 오후 서 너 시경이었던 것으로 기억이 되는데 그날은 무엇이 잘못되었는지 버스는 저녁 6시인지 7시에 한 대가 남아 있다고 했다.

하루에 2번 운행하는 버스! 그 말대로라면 3시간 정도를 자장리라고 하는 낯선 마을에서 문산으로 나가는 버스를 기다려야만 한다. 지루했던 나는 3시간 동안을 무엇을 할까 난감해했다. 한동안 정류소 벤치에 누워 쏟아지는 오후의 햇살을 맞는 일이 지겨워 간이 정류소 이정표를 배경으로 핸드폰 카메라로 내 자신의 사진을 수없이 찍기도 하고 그것도 지겨워지자 눈을 감고 반듯이 누워 잠시 동안 잠을 청해 보기도 했다. 다시 몸을 벌떡 일으켜 눈앞에 있던 야산으로 올라가 〈비목〉을 부르며 걷는가 하면 인근을 흐르는 임진강 적벽으로 내려가 쓸쓸히 걸어 다니기도 했다.

갑자기 내가 살던 집과 가족들이 그리워지는 순간이었다. 집을 나올 때 싸우고 나온 큰 딸에게 잘못했다는 생각이 들었다. 내 생에 언제 내가 내 주변의 사람과 환경을 이렇게 애타게 그리워 한 적이 있었던가. 집을 떠나와

길 위를 걸으면 지지고 볶던 도시의 숨 막히는 일상이 갑자기 그리워지고 용서할 수 없었던 일들도 다 용서가 되었다. 평소 차를 타고 시속 100km의 속도로 달리는 길을 두 발로 걸으며 남들이 사는 모습들을 보면 내가 누구인지에 대한 정체성에 눈을 뜬다. 그리고 신이 허락한 변함없는 대자연의 성정과 일관적인 생존의 태도를 흠모하게 된다. 한마디로 걷는 일은 내가 행하고 접하는 모든 것들을 속속들이 사진 찍듯이 스캔하고 음미하는 일이며 그 가운데 가장 진한 엑기스를 뽑아서 섭취하는 영양가 있는 일이기도 하다. 걸으면 그동안 빠른 속도 경쟁 속에서 보지 못했던 것들을 몸소 체험하게 된다.

걷는 것은 상세하게 관찰할 수 있게 한다. 우리에게 중요한 것은 두루뭉술한 것이 아니라, 하나하나 미세하게 관찰하는 것이며 구체적으로 바라보는 것이다. 구체적이지 않은 것은 나의 살과 피가 되지 못하며 결국에는 나의 무관심 속에서 내 시각에서 멀어져서 배설되고 만다. 나는 그 많은 시간들을 기다리면서 짜증이 났지만 어쩌면 사람이 살아간다는 일이 기다림의 연속일지도 모른다는 생각이 들었다. 내가 살아온 생은 기다림 그 자체였다. 내 식솔들을 위해 시도하는 일들이 다 성취되기를 간절하게 기다렸다. 좋은 직장과 돈벌이, 내가 출간한 책들이 많이 팔려주기를 기다렸고, 내 딸이 좋은 직장에 가고 믿음이 있는 배우자를 만나기를 기다렸다. 이렇듯 사람이 한 평생 산다는 일은 무수한 기다림의 연속이다.

무엇을 이루고 성취하는 것들도 일을 하는 것이지만 성취되지 않더라도 묵묵히 참고 기다리며 인고의 세월을 견디는 것 역시 일을 성취하는 것 중의 하나 라는 것을 알았다. 어떤 때는 이루어지지 않을 것을 뻔히 알면서도 기다림이 없으면 쓰러질 것 같아서 그 환상 같은 것을 부질없이 붙잡으며 모진 세월을 견디던 때도 있었다. 살다보면 허망한 기다림도 삶의 거름이 되는 그런 때가 있다.

산다는 것은 기다리는 것이다

속고 속으면서 기다리는 것

그것이 내가 산 삶의 정체였다

뒤돌아보면 알 것이다

삶의 8할이 기다림이었다는 것을

기다림은 곧 외로움이다

산 정상을 지날 즈음

비는 눈으로 변해 아우성이다

한 순간도 멈추지를 않는다

삶은 시시각각 다른 모습으로

내 일상을 흔들며 사라진다

이제는 더 탈 것도 없는 화목인데

아직 무엇을 더 태워 보겠다며

스스로 애를 태우는 것인지 모른다

내 생이 마치는 날 그 순간에도

누군가가 어서 오기를 기다리며

거친 숨을 몰아쉬게 될 것이다

이생에 왔다가는 짧은 여정에서

잘 기다릴 수만 있어도

그대의 절반은 이미 성공이다 (기다림에 대하여, 전편)

시골길에서 겸손을 배운다

걷기를 시작하면서 길 위에서 많은 것들을 배우게 된다. 배우게 되는 것들이 하도 많아서 모두 정리할 수는 없지만 그 중에서 무엇보다도 겸손을 배우게 되는 것을 감사해야 된다. 한번은 평화누리길 4구간을 걸을 때였다. 자장리 마을회관에서 황포돛배를 향해 걸어가는데 거리상으로 3km를 가야하고 시간은 한 시간 정도 소요될 예상이었다. 하지만 마을회관에 당도하자 날이 저물고 있어 길을 재촉할 경우 시골 오지에서 어둠 속에 갇히고말 것이 뻔했다.

자장리 마을 회관 앞에서 그날의 걷기를 그만두고 마을회관 앞 슈퍼에 들어가 차 시간을 물어 보려고 하였으나, 슈퍼 가게 앞에 풀어 놓은 큰 개가 지키고 있어 차마 들어가지를 못하고 한참을 밖에서 우두커니 서 있었다. 마침 지나가던 동네 사람이 있어 나가는 차가 언제 오냐고 물어 보자 차는 20분 뒤에 온다고 답변해 주었다. 나는 어둠이 짙어 가는 자장리 마을 회관 앞에서 우두커니 서 있었고 그후에 차가 와서 간신히 그곳을 빠져 나올 수 있었다.

차 번호를 기억했다가 차를 타고 자장리 마을회관에 내려서 그곳에서 다시 걷기를 이어갈 생각이었다. 하지만 문제는 그 다음번에 그 코스로 가기 위해서 아침 일찍 버스를 탔을 때 경험했던 당혹감이었다. 분명히 그 때 탔던 그 버스를 타고 자장리를 향해 갔었는데 차는 정작 들러야 할 자장리 마을 회관을 지나지 않고 곧바로 도로를 달려 적성 터미널 종점으로 들어갔다. 그래서 왜 자장리를 거치지 않는가 하고 운전기사에게 물어 보니 자장리로 가는 차는 하루에 아침, 저녁으로 2번만 있다는 것이었다. 그 소리를 듣고 어이가 없었지만 하는 수 없이 다시 버스를 타고 자장리를 걸어서 가야겠다는 생각을 하고 자장리로 들어가는 곳 부근에 내려 달라고 하였더니 차에서 손님들이 나를 가장 가까운 곳에 내려주기 위해 자기들끼리 서로 여기가 좋다, 저기가 좋다고 하면서 운전하는 기사와 더불어 상의를 하고 있었다.

고맙게도 그들은 나를 버스 정류소가 아니었지만 자장리로 넘어 갈 수 있는 대로변 곁에 차를 세우고 내려 주면서 산을 넘어 가라고 말해주었다. 내가 차에서 내려 걷기를 시작하자 두 갈래 길이 나왔는데 그들은 내가 바른 길로 들어서기까지 차를 움직이지 않고 기다리고 서 있다가 내가 길을 잘못들자 이내 큰 소리로 우측이 아니라 좌측으로 진입하라고 일러 준 다음 차를 출발시켰다. 정류소도 아닌 곳에 차를 세우고, 승객 한 명을 위해 차안에 있는 사람들이 모두 고민을 해주는 이런 일은 도시였다면 있을 수도 없는 배려였다.

그 뿐만이 아니었다. 마을로 들어서자 다시 길은 세 갈래 길이 되어 어느 방향으로 가야할지 알 수가 없어 난감하였다. 나는 다시 마을 경로당으로 들어가 자장리로 가는 길을 물었다. 경로당에서 한가하게 쉬고 있던 노인들은 친절하게 세 갈래 길 중 중간에 있는 길을 택해서 고개를 넘어서 가야 한다고 일러 주었다. 다행히 중간에 택한 길은 한 가닥으로 된 산을 넘어 가는 길인 모양이어서 더 이상의 혼동은 없었다. 하지만 길은 굽이치고 경사가 있었는데 그런 고갯길을 몇 개나 더 넘어야만 했다. 나는 걸으면서 버스 운전사를 비롯한 승객들이 일면식도 없는 나를 위해 좋은 길을 안내해 주기 위해 머리를 싸매던 일과, 동네 경로당에 계신 노인들이 나를 위해 해 주던 조언이 생각나서 눈물이 나올 지경이었다. 내가 만일 내 자신을 믿고 묻지도 않고 혼자서 길을 나섰더라면 나는 그 날 종일 길을 헤매었을 것이다. 그리고 지쳐서 당일치의 걷기를 포기하고 집으로 갔을지도 모른다. 나는 낯선 길을 걸을 때 겸손해야 함을 알았다. 로마에 갔을 때는 로마사람들의 지혜를 구하기 위해 자세를 낮추어 겸손하게 물어야 함을 알았다. 이것은 길 뿐만 아니라, 인생을 사는 태도이기도 할 것이다.

어느 정도 걸어 올라가다보니 구불구불한 고갯길이 시작되었다. 밤재라는 간판이 시작되었다. 아무도 없는 시골 산길을 걷는 일이 상쾌하기도 하였지만 힘들고 외롭다는 생각이 찾아들었다. 그 길은 끝이 없이 이어지고 굽이쳐 흘렀다. 그 때 나는 우리가 사는 인생길이 이런 밤재를 여러 개 넘어야 하는 일이거니 하고 생각했다.

그러자 이 세상에 모든 것들이 쉽지 않다는 생각과 더불어 삶은 얼마나 깊고 경건한 것인지를 느꼈다. 그리고 오직 이러한 삶 앞에서 겸손해지는 방법 외에는 세상을 건널 다른 방도가 없다는 것도 알게 되었다. 겸손은 인간이 지닐 수 있는 가장 훌륭한 태도라고 생각했다.

세끼 밥을 먹기 위해서

어떻게 처신할지를 생각해 보며 걸었다

모든 것은 부모로 부터 온 것이어서

별스럽게 따로 스승을 구해

인仁을 물을 필요가 없다는 것도 알았다

내가 가야할 이 길이

굽이치는 고갯길이라는 것도 알겠고

때로는 외롭고 적막하기가

밑도 끝도 없을 것이라는 생각이 들었다

세끼 밥을 먹기 위해서는

내 살아생전에

이런 고갯길을 수도 없이 넘어야만 하리라

별스런 대로 행行은 존재하지 않는다

생이란 그저 목숨이 다하는 순간까지

기도하며 숨죽이며 가야할 길이다

(밥재를 넘으며, 전편)

* 밥재 : 경기도 파주시 식현리(食峴理)에서 자장리로 넘어가는 고갯길

유한하지 않은 생명은
아름다움을 줄 수가 없다.

어디 그것뿐인가! 시골의 언덕길을 걷다 보니 어디선가 국화의 짙은 향이 나를 유혹하고 있었다. 다가가서 보니 길가 한 편에 국화가 무리지어 피어 있었다. 나는 자신도 모르게 향기에 취해 소국小菊들의 무리를 향해 자연스럽게 발길을 옮겼다. 국화는 천리를 퍼져 나갈 것만 같은 향기를 뿜으며 하얀 이빨을 드러낸 채 나를 향해〈안녕?〉하며 해맑은 눈인사를 하는 것만 같았다. 나는 꽃 옆으로 가서 코로 꽃의 향기에 도취해 눈을 감고 꽃과 애무를 했다. 그런 후 다시 일어서서 그 꽃을 향해 경배를 하는 순례자처럼 한참을 넋을 잃고 바라보았다. 그 순간 나도 모르게 눈물이 날 지경이었다.

왜 길가에 핀 꽃을 보자 눈물이 나는 것일까. 그것은 아마도 앞서 살아온 날과 그리고 앞으로 살아가야 할 흔들리는 내 삶이 서러워서였을 것이다. 나는 내가 가졌던 수많은 초심들을 잃고 흔들리며 여기까지 오는 동안 저 꽃은 한데에 나가 추위에 떨면서도 봉우리를 맺어 꽃을 피웠을 것이다. 꽃이 겪었던 모진 세월과 어리고 약한 것이 저렇게 아름답고 속이 꽉 찬 세상을 열 수 있었다는 것이 부끄러웠다.

나는 꽃에게서 열등감을 느꼈다. 세상의 스승을 달리 구할 필요가 없었다. 저 꽃을 바로 내 생의 스승으로 삼아도 좋을 것이다. 하지만 이런 꽃도 얼마 지나지 않아 또 시들고 말 것이다. 그래도 나는 사시사철 푸른 상록수보다는 한 번 봉우리를 맺은 다음 때가 되면 속절없이 시드는 꽃이 좋다. 나는 상록수를 좋아하지 않는다. 울긋불긋 온 가로수와 산의 수목들이 형용할 수 없는 각각의 색으로 물드는 가을 날 단풍으로 물든 나무들 곁에 서 있는 상록수가 그렇게 초라해 보일 수가 없었다. 다른 나무들은 온갖 색과 형상으로 자신의 삶을 표현하고 존재의 개성을 노래하고 있을 때 거무죽죽한 듯한 초록 옷을 걸치고 단풍이 든 나무 곁에 서 있는 상록수는 정말 꼴불견이었다. 지혜가 가득한 풍성한 장년들 사이에 철없는 젊은이가 옆에 서 있는 것처럼 보인다. 사람들은 사시사철 푸른 상록수에서 용맹과 기백을 발견하고 그것을 닮으라고 노래하지만 나는 그렇게 생각하지 않는다.

살아있는 생명이 언제나 푸르다는 것은 얼마나 위선인가. 유한하지 않은 생명은 아름다움을 줄 수가 없다. 잎새를 버릴 때는 버릴 줄 알고 불편하면 적당히 그늘이 지기도 하고, 피어야 할 때 왕성하게 피울 줄 알며 정점을 찍고 시들어야 할 때 시들고 쓰러지는 것들이 나는 좋다. 이 모든 것을 길을 걸으면서 깨닫는다. 길 위에 서면 수많은 영감들이 내 머리 속을 스쳐지나간다.

이럴 때를 놓치지 않고 핸드폰을 켜고 깨달음을 육성으로 녹음한다. 떠오르는 영감이 사방으로 흩어져 날아가기 전에 붙잡아 매어 두려는 것이다. 나는 떠오르는 영감들을 첨삭 없이 말로 옮긴다. 그것은 군더더기 없고, 손 볼 것도 별로 없는 날 것 그대로의 직관을 품은 한 편의 시이기도 하다. 걷는 일은 그래서 수많은 쓰러진 자들을 일으켜 세우는 비법인 모양이다.

나는 상록수를 좋아 하지 않는다

한껏 피워 올린 꽃나무들 사이에서

한겨울에 입었던 옷을 봄에도 걸치고선

그렇게 진부한 것들을 좋아하지 않는다

때가 되면 잎새를 버릴 줄도 알고

때가 되면 꽃도 피워 준다면 좋겠다

그리고 가끔씩은 흔들려 준다면 더 좋겠다

언제나 푸르다는 것은

우리가 꿈꾸어서도 안 될 일이다

가끔은 단풍에 물들다가

겨울이 오면 잎새를 버릴 수 있다면 좋겠다

자기의 절망을

표현할 줄 아는 것들이 좋다

나는 그늘지고 쓰러지고

다시 일어나는 것들이 좋다

(나는 상록수를 좋아하지 않는다, 전편)

7
/
걸으면서 얻게 되는 보너스들

느리게 걷기 #7

/

"걷는 일은 그래서 수많은 쓰러진 자들을 일으켜 세우는
비법인 모양이다."

버킷리스트Bucket list 만들기

노란 숲속에 두 갈래 길이 있었습니다
나는 두 가지 길을 다 가지 못하는 것을 안타깝게 생각하면서
오랫동안 서서 한 길이 굽어 꺾여 내려간 데까지
바라 볼 수 있는 데까지 멀리 바라 다 보았습니다

그리고 똑같이 아름다운 다른 길을 선택 했습니다
그 길에는 풀이 더 많고 사람이 걸은 자취가 적어
아마 더 걸어야 될 길이라고 나는 생각했었던 게지요
그 길을 걸으므로, 그 길도 거의 같아질 것이겠지만

그날 이 침 두 길에는 낙엽을 밟은 자취는 없었습니다
아....나는 다음날을 위하여 한길은 남겨 주었습니다
길은 길에 이어져 끝이 없으므로
내가 다시 돌아 올 수 있는지를 의심 하면서

오랜 세월이 흐른 훗날에
나는 한숨을 쉬면서 이야기 할 것입니다
숲속에 두 갈래 길이 있었다고
나는 사람이 적게 가는 길을 택하였다고

그리고 그것 때문에 모든 것이 달라졌다고

(로버트 프로스트, 가지 않는 길)

낙엽이 지는 10월의 만추 지리산 천년의 숲이라 불리는 상림上林 공원을 걷고 있노라면 인생에 대한 여러 가지 상념이 떠오르게 된다. 로버트 프로스트의 가지 않는 길을 생각하면서 나는 내가 걸어왔던 길과 걸어가 보지 않은 미지의 길에 대해 생각한다. 걷는다는 것은 창조적인 행위다. M. 스캇펙은 삶은 문제와 어려움에 직면하는 것이지만 그렇다고 삶을 문제라 볼 수는 없고 삶은 차라리 신비라고 했다. 온갖 꽃들이 다투어 피며 자신의 아름다움을 자랑하는 4월의 봄 길이나 성장과 수목을 쉼 없이 발산하는 한 여름의 숲길, 단풍이 드는 10월의 가을 길이나 눈꽃을 피운 채 세상으로 나가는 길들을 모두 지워버린 겨울 눈길 속에서 나는 걷는 다는 것이 창조적인 행위이며 신비를 체험하는 순간이라는 것을 느낀다.

　걷기로 작정을 하고 길을 나설 때 나는 이런저런 잡다하고 복잡한 일로 머리가 터질 듯한 때도 많다. 하지만 강변이나 숲속, 전망이 툭 트여 개방감이 있어 하늘이 보이는 들판을 지나가면서 나는 번뇌를 하나 둘 씩 자연 속에 내려놓으며 걸어간다. 처음 길을 나설 때는 막막하기도 하고 왜 나는 이 시간에 아무도 없는 길들 위에 서야 하나 하는 내 존재에 대한 연민과 고독이 전신을 엄습한다. 그럴 때 내 눈에서는 주르륵 눈물이 흘러내린다.

　　"나는 내가 흘린 땀으로 정화된다. 나는 내 몸에서 나온 액체로 세례를 받는다. 나는 새로운 에덴동산을 향해 달려간다."
　　(조지 쉬언, 366p)

얼마나 멋진 표현인지 모른다. 나 역시 혼자 시골길을 걸으며 흐르는 눈물로 세례를 받고 가슴이 열리면서 신을 만난다고 해야 할 것이다. 어느새 나는 세상사의 상념에서 벗어나 있고 삶의 원리라고 할까 아니면 본질이라고 해야 할까 아무튼 그런 것들이 계속 머릿속을 열고 들어온다. 이것은 내 지나온 삶을 총체적으로 바라볼 때 논리적인 설명을 뛰어 넘는 생각들인데 내 삶의 방향을 결정할 큰 결단들이다. 나는 그것들을 이룰 수 있도록 해 달라고 신에게 기도하기도 하고 하늘을 향해 큰 소리를 치기도 한다.

길을 걷는 것은 지나온 삶의 과오를 반성하는 것이며 앞으로 새 삶에 대한 결단을 내리는 일이며 그것들이 간절히 이루어지기를 바라며 하는 기도이기도 하다. 나는 이 때 가족과 직장 동료들에게서 얻을 수 없는 신비들을 경험한다.

걸으면서 떠오르는 직관들은 논리적으로 설명할 수 있는 것이 아니므로 이때는 이유 불문하고 펜과 수첩을 준비해서 메모를 해야만 한다. 논리적인 생각이 아닌 만큼 그 순간이 지나가면 다시는 불러 들일 수 없기 때문이다. 그래서 나는 〈DMZ 평화의 길〉 구간을 걷는 동안 수십 편의 시를 썼으며 나만의 버킷리스트Bucket list를 만들기도 했다. 그 때 녹음한 것을 정리해서 내 블로그에 올린 버킷리스트의 내용은 다음과 같다.

1. 영어회화 하기, 영어권 3개국 방문하기

2. 일본어 회화하기, 일본 3개 도시 여행하기

3. 채무정리와 은행저축 잔고 만들기

"길을 걷는 것은 지나온 삶의 과오를 반성하는 것이며
앞으로 새 삶에 대한 결단을 내리는 일이며
그것들이 간절히 이루어지기를 바라며
하는 기도이기도 하다."

4. 하루 만보걷기

5. 뱃살빼기

6. 개인 사무실 만들기

7. 큰딸 결혼시키기

8. 베스트셀러 출간

9. 자신의 시나리오로 영화개봉하기

10. 부부문제 전문 강사가 되기

11. 가정문제 클리닉의 대본 집필과 방영

12. 창작 예술요리에 도전하기

버킷리스트의 1,2번의 〈영어, 일본어를 마스터하고 3곳 외국여행하기〉에
관해서 나는 박사학위를 받은 식자라 하면서도 제대로 구사할 수 있는 외
국어 하나 없다는 것이 늘 아쉽고 불편했다. 그래서 아침, 저녁 전철을 타고
다니면서 영어와 일본어를 공부하기로 했다. 나는 한 번도 외국을 나가 보
지 못했다. 가족들이 외국을 나갈 때 나는 그들을 떠나보낸 후 잘 다녀오기
를 기다리며 손을 흔들어 주는 가장이었다. 그래서 영어와 일본어를 마스
터 한 다음에 영어를 쓰는 곳 3개국과 일본어를 쓰는 일본의 3개 도시를 방
문하기로 한 것이다.

일본의 경우 3개 도시는 특정을 하였다. 큰딸이 선교사로 2년을 나가있
던 오사카 다카이시 교회를 아버지로서 한 번도 찾아가 주지 못한 데 대한
미안함이 있었다. 그래서 내가 작가로 어느 정도 성공하면 그 교회를 딸과
함께 가보기로 했다. 그리고 가와바스 야스나리의 설국雪國의 무대였던 일

본 나가타현을 가서 눈 속에 파묻혀 보고 싶었다. 그리고 한 겨울 눈이 내릴 때 일본 도야마현 노천온천에 가보고 싶다.

3번의 〈채무정리와 저축〉은 나의 가장 절실한 리스트중의 하나다. 집을 사면서 대출을 받아 평생 빚을 지고 살아왔다. 월급의 대부분을 이자로 내느라 저축을 한 번 해보지 못해 생활의 안정을 바라는 아내를 번번이 실망시켰다. 나는 한마디로 능력이 없는 사내였으며 평생 이자를 물면서 은행을 먹여 살리느라 등골이 다 휘었다.

4번 〈하루 만보 걷기〉. 내 건강을 위해 내가 오랜 시행착오 끝에 내린 결정이다. 큰 비용 안들이고 가장 간편하게 건강을 지킬 수 있는 운동으로 특별한 사정이 없는 만보를 걸으려고 애를 쓴다.

5번의 〈뱃살빼기〉. 걷기와 식단 조절과 잠으로써 나는 15kg를 감량했다. 다이어트를 하는 동안 다른 부분은 살이 다 빠졌지만 복부는 아직 더 살을 빼야 할 입장이다. 마지막 남은 뱃살은 기존의 식이요법과 걷는 운동 등으로는 뺄 수 없는 부위라는 것을 알았다. 그 부분만 특별히 살을 빼는 운동을 해야 할 것이다. 그래서 손쉬운 방법으로 줄넘기를 선택했는데 무릎이 아파 지켜지지 못하고 있다. 다른 방법을 강구해야 할지 모를 일이다.

내 너를 만나서 동행했던
철없던 지난날을 후회하노라

내가 힘이 들고 지쳐서
너를 향해 손을 내 밀었을 때
차라리 남보다도 못한
너의 배신에 신음을 해야만 했다

돌아보면 등줄 서늘하던
두렵고 무섭던 외줄타기
숨 가쁘게 고갯길을 넘어오며
내 너를 먹여 살리느라
등골마저 다 빼주었더구나

너를 믿었던 내가 바보였다
평생 너를 먹여 살리려다가
이젠 제명에도 못 살겠구나

(은행, 전편)

6번 〈개인 사무실 만들기〉. 이것은 평생의 꿈이지만 이루지 못하고 있다. 언제 이 꿈을 이룰지 알 수가 없다. 지금도 기도하고 있는 제목이다. 성공했다는 기준이 무엇일까? 나에게 있어서는 개인 사무공간을 가지는 것이다. 박사를 따고 교수가 되려고 했지만 로스쿨이 생기는 바람에 일반 법학과들이 없어져 법학박사들의 수요가 줄었다.

대학에서 강사를 하는 동안 공동사무실에서 강의 시간을 기다리는 일이 지겨웠다. 내 개인 연구실을 가지고 그곳에서 마음대로 일하고 싶다. 교수가 아니라면 작가로 성공해서 개인 집필실이라도 가지고 싶은데 아직 이루어지지 않고 있다. 아직 기회는 남아 있다. 언젠가는 내가 원하는 대로 제한받지 않고 원하는대로 자유롭게 일을 할 수 있는 작업 공간을 가질 날이 올 것이다.

7번 〈큰딸 결혼시키기〉. 현재 딸은 29살이다. 가장 고운 꽃다운 나이다. 나는 딸이 여자로서 가장 이쁜 이때 좋은 짝을 만나 평생직장이 될 시집을 가주기를 바란다. 하지만 그것은 내 마음일 뿐이다. 아무래도 남자는 능력이 있어야 할 것이다. 진실한 인간성을 가지면 좋겠는데 이런 것은 좋은 신앙인이 되면 다 해결이 되리라 본다. 믿음이 좋은 능력있는 남자를 데려 온다면 언제라도 결혼을 시킬 작정이다.

8번 〈베스트셀러 출간〉. 나는 여러 권의 책을 썼다. 학교에서 법학을 전공했으므로 법학 쪽에서도 등재지를 포함해 여러 편의 논문을 썼다. 한 번은 일본에서 요시코 아야코 라는 일본 여성학자로부터 전화가 왔다. 자신은 박사학위를 받은 후 교토대학 박사후기과정에서 1910년대 한국의 이혼 소송에 대하여 연구 논문을 준비하고 있는데 내가 일전에 조선 광해군에서 철종까지 왕조실록에 나오는 이혼관련 기사들을 가지고 쓴 〈조선후기의 이혼에 관한 연구〉라는 논문을 인용해도 좋겠느냐는 내용이었다. 나는 마음껏 이용하시라고 쾌히 승낙을 해 주었다. 법학자로서 재산 분야에 대한 책도 썼다. 하지만 아쉽게도 나는 법학자와는 다른 길에 천착을 하고 있었다. 그것은 문학이었다.

1990년대에 시집 〈시가전〉을 썼고, 그 이후 결혼은 사명이라는 관점에서 쓴 〈결혼은 동업이 아니다〉, 암으로 죽어가는 어머니의 마지막 7개월을 그린 〈어머니의 전쟁〉과 〈언젠가는 엄마에게〉, 시집 〈당신의 말이 들리기 시작했다〉, 성서에 나오는 명 구절들을 가지고 쓴 〈담다 그리고 닮다〉, 고전을 현대적으로 해설한 〈곁에 두고 읽는 손자병법〉, 가정 회복을 희망하며 쓴 〈남편의 반성문〉과 같은 책들이다. 〈결혼은 동업이 아니다〉는 신경림 시인의 추천을 받아 나왔고, 〈어머니의 전쟁〉과 〈언젠가는 엄마에게〉는 어머니가 대장암으로 투병하는 과정에서도 이해인 수녀가 추천을 해주어 나오게 된 책들이다. 하지만 이해인 수녀의 추천으로 나온 고려원의 〈어머니의 전쟁〉 말고는 이렇다 할 성적을 내지 못한 책들이었다.

나는 돈을 들여 저자에게 인세를 주고 종이를 사서 책을 출판한 출판사에 미안했다. 많은 독자들에게 꿈과 희망을 주는 그런 작가로 성공하고 싶다. 언젠가는 베스트셀러 작가가 되어 독자들에게 꿈과 희망을 주고, 책을 낸 출판사에게도 보람을 안겨주는 날을 꿈꾸고 있다.

9번 〈자신의 시나리오로 영화개봉하기〉. 시를 쓰고 〈열정〉, 〈군으로 간 사랑〉이라는 소설 등을 쓰고 이런저런 단행본을 출간해 보아도 성과가 없자 나는 갑자기 시나리오를 써보고 싶다는 생각이 들었다. 그래서 독학으로 공부를 해서 몇 편의 시나리오를 썼다. 베토벤 소나타 23번 〈열정〉을 모티브로 해서 한 남자와 두 여자의 뜨거운 사랑과 이별을 그린 연애 소설 〈열정〉과 인간의 삶에 있어 정직의 중요성을 갈파한 〈정직〉, 노무현 대통령의 탄핵이라는 초유의 사태를 겪었을 때 그가 대통령이자 한 인간으로서 겪은 고뇌를 그린 〈노란국화〉와 폐암으로 죽어가는 어머니의 곁을 7개월 간 지켜보면서 느낀 〈눈꽃이 질 때〉와 같은 시나리오가 그것들이다. 하지만 아직 시나리오가 작품화 되지는 못했다. 언젠가 내가 쓴 시나리오를 가지고 영화를 개봉해 보고 싶은 꿈을 가지고 있다.

10번 〈부부문제 전문 강사가 되기〉. 나는 가족법을 전공한 학자다. 이대로 가다가는 내 노년의 활동이 보잘 것 없다는 생각이 들었다. 그래서 외로운 노년을 대비하기 위해서 지금부터라도 내 전공과 관련해서 한 우물을 파야하겠다는 생각이 들었다. 그래서 나는 부부문제 특히 결혼의 중요성을 알리는 강의를 하고 싶다.

11번 〈가정문제 클리닉의 대본 집필과 방영〉. 내가 전공한 분야가 가족법 분야여서 그런지 각급법원의 이혼에 관한 수 백 개의 판례를 가지고 이혼과 재산분할관련 논문을 쓰기도 했다. 그때 본 수 백 개의 판례가 어떻게 보면 한 편 한 편이 다 소설이라 불러도 무방한 것이었다. 수 백 개의 판

례는 유형별로 분류하면 수 십 개의 사례가 카테고리로 만들어지는데 모두 방송대본으로 탄생할 수 있는 것들이다. 〈사랑과 전쟁〉이라는 이름으로 기존의 작가가 대본을 쓰고 방영한 것이 있지만 내 나름대로 대본을 써서 부부 관계의 위기와 갈등을 다룬 새로운 〈부부클리닉〉이 전파를 타게 하고 싶다.

12번 〈창작 예술요리에 도전하기〉. 요즘 방송을 장악하고 있는 것은 이른바 〈먹방〉프로다. 채널을 이리저리 돌려도 빠지지 않고 나오는 것은 건장하고 잘생긴 남자들이 앞치마를 두르고 요리를 하는 모습이다. 그동안 남자 위주의 가부장의 윤리에 신음하던 한국사회는 지금 남녀의 역할을 뛰어 넘어 가정의 행복을 요리하겠다고 나선 남자들에게 열광을 하고 있다. 방송 채널을 이리저리 돌려보아도 모두가 이런 프로여서 시청할 것이 없다며 투정을 하는 사람도 있고, 어떤 사람은 먹는 프로가 싫어서 방송은 아예 보지도 않는다는 사람들이 생겨 날 정도다.

성역할의 고정관념을 뛰어 넘는 것은 매우 긍정적인 현상이다. 나는 오래전부터 음식의 중요성을 인식해 왔다. 그것은 엘렌 G. 화잇의 저서 〈좋은 음식 올바른 식사〉라는 책을 접하고 난 다음부터다. 그녀는 인류의 타락이 음식의 타락에서 비롯되었다고 보고 음식의 절제를 강조한다. 내가 먹는 음식이 나를 결정한다는 말은 그녀가 늘 강조하는 말이다. 나는 그 책을 읽은 이후 조리사 자격증을 따고 요리를 많이 해 보아서 최종적으로 사랑하는 내 가족들을 위해 창작 예술요리를 그들에게 직접 만들어 주고 그들을 행복하게 해주고 싶다는 생각이 들었다. 이런 바람은 강해서 언젠가는 꼭 이루어질 것이다.

나는 걷는 동안 이런 12개의 버킷리스트를 작성할 수 있었다. 그것은 걸으면서 만든 리스트들이다. 이런 리스트가 그냥 작성된 것이 아니라, 길 위에서 눈물의 세례를 받고 만들어진 것인 만큼 나에게 꼭 필요한 사항들이다. 어떤 어려움이 있더라도 리스트의 내용들을 이룰 수 있도록 매진 할 것이다. 설령 이 중에서 다 이루지 못하고 일부만 이룬다고 할지라도 내 인생은 많이 달라지게 될 것이다.

맛 집을 발견하는 즐거움

다이어트를 염두에 두고 길을 걷기 때문에 걷는 동안엔 배가 많이 고프다. 음식을 고급스럽게 준비해서 다니는 것이 아니라, 현미밥에 짠지 그리고 간단한 과일만 챙겨 겨우 허기만 면할 정도로 먹고 다니기 때문이다. 오래 걷다보면 육체적인 피로와 한계에 몸부림을 치는 때도 있다.

코스를 정해 길을 걷는 중간 중간 점심이나 저녁때가 되어서 이름도 없는 허름한 시골 음식점에 들어갔다가 정말 지금까지 먹어 본 일이 없는 맛있는 음식들을 만나게 될 때 감동하게 된다. 그럴 때는 왜 내가 이런 곳을 아직 몰랐지? 이렇게 음식을 맛있게 하는 음식점이 시골구석에서 썩게 내버려두기에는 아깝다는 생각을 한다. 그래서 언젠가 〈변방의 실력자들〉이라는 제목으로 맛난 음식점을 소개하는 책을 내보고 싶다는 생각을 하기도 했다.

위의 음식점들 중에서 가장 기억에 남는 곳은 파주 4구간의 문산읍 선유리에서 율곡습지 공원으로 가는 도중에 있는 화교가 운영하는 한 중국집이었다. 점심을 먹었는데 짬뽕이 그렇게 맛있을 수가 없었다. 선유리 재래시장 뒤편에 위치해 있어 눈에 잘 띄지도 않고 허름했지만 나오는 음식은 참맛이 있었다. 이름은 모르겠고 선유리 재래시장 뒷골목 화교가 하는 중국집으로만 기억하고 있다. 그저 15분 정도의 간절한 기다림 끝에 이 집의 짬뽕을 만날 수 있었는데 재료가 신선하고 기름이 깨끗하게 느껴졌다. 기름으로 볶고 튀긴 음식이면서도 참 정갈하다는 느낌을 받았다. 이렇듯 좋은 음식은 사람의 마음을 움직이는 힘이 있다.

또 한 곳은 파주 2구간 아쿠아랜드에서 파주시 공설운동장으로 넘어가는 4.2km 지점이다. 낙하리 IC 부근에 이르자 오후 1시가 다 되어 배가 몹시 고팠다. 그 때 구세주처럼 〈김포해장국〉 이라는 간판이 눈에 들어왔다. 때가 설날이어서 장사하는 곳이 없어 혹시나 하고 들어가 보았는데 실내에는 제법 사람들로 붐볐다. 해장국을 시켜 먹으며 몸을 녹였는데 고추기름과 소의 양을 많이 썰어 넣은 해장국이었다. 얼마나 구수하고 맛이 있었던지 이 역시 감동을 주기에 충분했다.

자유로와 나란히 이어지는 안쪽 길을 추위 속에 떨면서 걷느라 힘이 들었는데 해장국이 몸에 들어가자 그동안의 피로가 한순간에 다 날아갔다. 이럴 때는 음식은 물리적인 것이 아니라, 정신적인 것으로 지친 자를 치유한다. 전혀 예상하지 못하고 무작정 들어 간 집인데 정말 지금껏 어디에서도 먹어 본 적이 없는 맛이었다. 값이 비싸고 잘 차려낸 진미가 아니라, 정성과 맛이 잘 어우러진 그런 신의 작품! 물론 내가 그 때 지쳐 있어서 더욱 맛이 있게 느껴졌을 것이다. 그 점은 부정할 수는 없겠지만 고즈넉한 시골길을 혼자 걷다가 배가 고플 때 만나는 맛집은 걷기를 즐겁게 하는 양념과 같은 존재들이다.

마지막으로 파주 3구간의 걷기를 마치고 광탄으로 들어오는 길에 들린 오리집이다. 파주 광탄 읍내 근처에 〈은행나무집〉 이라고 크게 간판을 써 붙인 집이 있었다. 배가 고파서 어쩌다 보니 생각할 겨를도 없이 그 집으로 들어가게 되었는데 알고 보니 오리백숙 전문집이었다. 하는 수 없이 오리 백숙을 시켜 먹었는데 그렇게 맛있을 수가 없었다. 그동안 오리는 질겨서 고무줄을 씹는 것 같은 느낌이 들어 생 오리 로스 같은 것을 싫어하고 차라리 오리 훈제를 먹었다. 그것도 많이 먹으면 물려 오리 고기는 그다지 좋아하지 않는 편이었다.

이 집의 오리백숙은 엄나무를 비롯한 갖가지 한약제가 한솥 가득 들어가는 듯하였는데 고기가 고들고들한 것이 씹히는 식감이 좋았고 비린내가 전혀 없었다. 오리 고기를 싫어했지만 이 집에서 비로소 오리 맛의 진면목을 발견한 셈이다. 걷는 도중 이런 집을 발견하게 된 것은 나에게 엄청난 행운이다.

걸으면 보이지 않는 것들이 보인다

차를 몰고 시속 100km의 속력으로 거리를 달리면 도로 이면의 풍경을 전혀 알 수가 없다. 그 안에 무슨 숨겨진 보물들이 있는지 그리고 우리의 가까운 이웃들이 어떤 모습으로 그 속에서 살아가고 있는지에 대해 전혀 짐작도 할 수가 없다. 그러나 신기하게도 걷는 것이 인간에게 절대적으로 필요하다는 것을 많은 현자들은 쉽게 알아차렸다. 다비드 르 브르통, 베르나르 올리비에, 소로우, 랭보, 니이체, 쇼펜하우어 수많은 여행가와 시인과 철학가와 같은 부류의 사람들이다.

"걷는 사람은 모든 것을 다 받아들이고 모든 것을 다 손으로 잡을 수 있는 마음의 세상으로, 구불구불한 길로, 그리고 자신의 내면의 길을 더듬어 간다."

누구의 말인가. 〈걷기 예찬〉을 쓴 다비드 르 브르통이 한 말이다. 나는 이 중에서 〈걷는 사람은 다 손으로 잡을 수 있는 마음의 세상으로 간다〉는 구절에 전적으로 동의한다. 차를 가지고 달릴 때는 보지 못하는 세상의 사물들을 두 발로 걸을 때는 손으로 잡을 수 있는 거리에서 보고 관찰할 수 있다. 이것이 실제로도 얼마나 우리들의 일상에 도움이 되는지는 말할 필요가 없다. 길 위를 걸으면서 내면의 수많은 가능성을 발견할 수도 있지만 내가 사는 주변의 귀중한 자산도 발견할 수 있다. 이것은 오로지 두 발로 걸을 때만 가능한 일이다.

적절한 예가 될지 모르겠다. 나는 마포에서 살다가 서대문구 북가좌동으로 이사를 와서 살았던 때가 있었다. 휴일날 마땅히 할 일도 없어서 집 근처 대로변 이면의 어느 골목길을 걸었는데 세상에! 재개발을 해야 마땅한 허름한 집들이 수도 없이 촘촘히 박혀 있었다. 하지만 이곳은 허름한 집들로 평가절하할 곳이 아니었다. 한참 발전하고 있는 상암동에서 생겨나는 일터를 위한 배후 주거지였으며 전철 환승역인 수색역, 모래내역과 가깝고 자동차길인 강변북로 및 내부순환로와도 가까워 사통팔달의 입지 조건을 갖춘 그런 지역이었던 것이다. 걷지 않았으면 절대 그 존재를 알 수도 없었을 것이다. 왜냐하면 나는 평소 이곳을 차를 타고 지나쳤고, 대로변 이면길 또

한 그저 병풍처럼 둘러진 배경으로만 보았기 때문이다. 나는 서울 변두리에 사는 동생을 이곳으로 집을 사서 이사 오도록 했다. 지금 그 집은 메이저 건설사들에 의해 이른바 뉴타운으로 개발되어 넓은 평수의 아파트를 분양받을 수 있었다.

내가 그날 편안한 복장의 바지를 입고 동네를 어슬렁거리지 않았더라면 얻을 수 없는 횡재였다. 이처럼 손수 두 발로 방문을 하기만 하면 우리들에게 금전적, 정신적, 육체적으로 도움을 줄 수 있는 것들이 도처에 널려 있다. 사람들은 자주 "발품을 부지런히 팔아야 한다"고 말을 한다. 이것은 걷는 것의 이점을 활용하라는 말이다.

이뿐 만이 아니다. 봄의 산길을 걷다보면 한데 나가 떨면서 인고의 세월을 견디어 내고 아름다운 꽃으로 피어난 소중한 생명의 위대함에 자신이 한없이 부끄러워지는 때도 있다. 꽃과 자연 속에서 변함없는 자연의 일심과 끊임없는 인간의 흔들림을 발견하고 겸손을 배우는 시간인 것이다.

그리고 재래시장통을 걷는 길은 또 어떤가. 그곳에는 가장 인간다운 모습을 한 사람들을 만날 수 있어 좋다. 성실한 사람들. 그들이 장에 가지고 나온 배추를 다 팔아 보아야 오만원도 안될 듯한 돈을 벌기 위해 지친 삭신을 장바닥에 뉘이고 잠시 쉬고 있는 아주머니들을 본다. 그들의 성실함 속에는 어떤 망령된 한 방도 없다. 그저 성실하게 하루하루 벌어서 살아야 한다는 겸손만이 뭉쳐져 있다.

쉬운 방법으로 돈 잘 벌기를 꿈꾸는 나의 교만은 그들의 영근 모습 앞에서 여지없이 무너져 내린다. 세상이 무지 깊다는 것, 그리고 경건한 곳이라는 것을 다시 한 번 절감하게 된다. 나는 옷매무새를 다시 단정하게 하고 못난 나 자신의 울타리를 나와서 밝은 세상 속으로 발걸음을 옮긴다. 이처럼

"봄의 산길을 걷다 보면 한데 나가 떨면서 인고의 세월을 견디어 내고 아름다운 꽃으로 피어난 소중한 생명의 위대함에 자신이

걸으면 보이지 않는 내면의 그리고 세상의 아름다움을 수도 없이 매일 만날 수 있다.

한없이 부끄러워지는 때도 있다. 꽃과 자연 속에서 변함없는 자연의 일심과 끊임없는 인간의 흔들림을 발견하고 겸손을 배우는 시간인 것이다."

깊은 곳이다
이루 다 말할 수 없이
깊은 곳이다

기쁜 일보다는
노여움과
외로움과
서글픔이 더 많은 곳이다

그래서,
그래서 우리는
서로가 불쌍한 곳이다

너가 세우고
너가 허물어도
태연히 돌아서 앉은
지엄한 곳이다

(세상, 전편)

8
/
걷기보다 더 중요한 음식 문제

느리게 걷기 #8

/

"무릇 사람의 삶이란 절제하지 않으면 방종으로 흘러
인생의 수레를 불사른다."

먼저 음식의 중요성을 알려주는 책을 읽어라

다이어트에 성공하기 위한 3박자. 즉, 운동과 음식, 잠 중에서 가장 비중이 큰 것은 음식을 섭취하는 문제다. 일반적으로 사람들은 수면의 문제는 무시하고, 운동의 중요성을 많이 부각시키는 경향이 있는데 운동으로 소모할 수 있는 칼로리의 양은 제한되어 있다. 운동을 아무리 많이 해도 먹는 것을 자제하지 않으면 다이어트는 성공할 수 없다. 그래서 혹자는 다이어트에 있어서 음식이 차지하는 비중을 70% 정도로 보기도 한다. 나는 그렇게 단순화시켜 음식에 많은 비중이 있다고 이야기하고 싶지는 않지만 아무튼 음식의 섭취는 아주 중요한 부분임은 틀림없다.

다이어트에 성공하기 위해서는 우리들의 입으로 들어가는 음식이 어떤 것이어야 하며, 들어가는 음식물이 인체에 어떤 영향을 끼칠 것인가 하는 것에 대해 제대로 알아야 한다. 하지만 먹는 문제만큼은 본능적인 부분이기도 해서 절제하기가 어렵다. 다이어트의 모든 부분이 다 그렇지만 음식 문제는 철저히 정신적인 문제다. 정신이 음식을 주관하도록 하여야 한다. 음식이 정신의 문제라고 본다면 이 주장과 맥락을 같이 하는 책을 읽어서 각오를 다지는 것이 중요하다.

이럴 때 나는 주저 없이 엘렌 G. 화잇 여사의 책을 추천한다. 나는 그녀의 책을 통해 음식이 물질적인 것이기도 하지만 철학적이고 영적인 것임을 알 수 있었다. 그녀는 음식물이 정신 및 신체의 건강과 관계있음을 계속 연구하고 발표를 해 왔다. 그 결과 1938년도에 그녀의 저서 〈식생활과 음식물에

관한 권면〉이 출간되었으며 그녀의 책과 발표한 글들을 모아 우리나라에
는〈좋은 음식 올바른 식사〉라는 제목으로 1986년에 출간된 바 있다.

  잘못된 생활 습관으로 우리들 자신의 삶을 망치는 경우가 많다. 한 사회
의 구성원으로서 기본적인 교양이 없는 것도 문제이며 매사에 그에 합당
한 절차와 대가를 지불하겠다는 맹세도 없는 경박한 삶의 태도 역시 문제
다. 당장의 편리를 위해 지켜져야 할 절차와 양심을 버리면 그것이 나중에
나쁜 습관을 형성하여 결국 자신의 삶을 망치는 부메랑으로 돌아오게 됨을
명심해야 한다. 이런 경고는 무절제한 음식의 섭취에 대해서 각자 개인들
에게 주는 충고에도 역시 마찬가지로 적용된다.
  밥을 잘 먹고 나서도 습관적으로 빵과 탄수화물을 먹는다든가 잠을 자고
신체의 모든 기관이 휴식을 취해야 하는 시간인데도 아무런 생각 없이 먹
어대어 몸과 정신을 망가트리는 어리석음에 빠진 자들에게 주는 충고의 말
이기도 하다. 무릇 사람의 삶이란 절제하지 않으면 방종으로 흘러 인생의
수레를 불사른다.

그대 멋대로 행하지 말라

늦은 시간 쓸데없이 야식을 먹지 말고

대낮 거리에서는 신호를 어기지 말며

달리는 차에서 쓰레기를 버리지 말 것이며

전철에서 가랑이를 벌리고 앉지 말라

이 모든 것이 쉽게 길을 내어

종국에는 그대를 삼킬까 두렵다

바람이 불면 부는 대로 흔들리며

눈이 오면 눈길을 위태롭게 걸어가라

순전한 아이의 마음을 품을 것이며

썼던 어떤 가면도 다 벗어 던지라

길이 아닌 곳은 들어서지도 말며

비가 오면 온몸으로 비를 맞으라

(경고, 전편)

음식과 인간의 정신 간에는 밀접한 관련이 있다는 엘렌 G. 화잇의 충고는 성공적인 다이어트를 꿈꾸는 사람들에게는 절대적으로 필요한 지침이다. 식욕의 방종이 지적인 진보와 영혼의 성화에 최대한의 방해임을 알 필요가 있다. 그녀는 충고한다. 단순하지 못한 음식으로 뱃속을 자주 채우게 되면 위에 부담을 주게 되고 위장이 막히면 두뇌도 막히게 된다.

> "무절제하게, 분별없이 먹고 말하는 사람들은 분별없이 말과 행동을 하게 되며 아담과 이브는 식욕의 방종으로 타락하였다. 아무도 자기의 식사 습관에 엄격한 절제를 준수하기 전에는 다이어트는 물론이고 영적인 안정과 진보를 기대할 수 없다."
>
> (엘렌 G. 화잇, p52, 58)

고기와 진미는 몸에 유익하지 못하다

100kg이 넘는 거구의 친구가 있다. 그 친구는 얼마 전까지 어느 특별시의 구청장을 지냈던 친구이기도 한데 고등학교 때 부터 모든 운동에 능했으며 100m를 12초에 뛰는 친구였다. 몸무게는 많이 나가지만 근육이 잘 발달되어 건강했다. 그런 친구가 사업을 하고 정치를 하느라 몸에 살이 붙고 각종 스트레스로 인해 췌장암을 진단받아 수술을 받고 나서 음식을 조심하며 공직을 수행하고 있는 중이었다. 오랜만에 만나 저녁을 함께 먹었다.

구청장이 되면 관내에 이런저런 일들이 많은데 끼니때마다 진수성찬을 먹으면 단명 한다고 했다. 병을 앓고 난 이후 그 친구는 소박한 음식을 적게 먹는 소식小食이 몸에 좋다는 생각을 확고하게 가지고 있는 듯 보였다. 오래 간만에 만난 친구와 나는 식당으로 들어가 된장찌개를 먹었다. 구청장 판 공비로 한해 1억 원인가를 쓸 수 있다고 말하면서 오랜 만에 만난 나에게 된장찌개를 사주는 것이 좀 섭섭하기도 했다.

그 친구는 우리사이가 체면을 따질 사이도 아니어서 편해서 그렇기도 하

고 한 끼에 6천 원 이상 되는 밥을 사먹는 것은 돈을 쓰고 몸 버리는 것이라고 했다. 고기나 뷔페요리, 비싼 탕 요리, 코스요리처럼 잡다하고 많은 음식을 먹어도 좋겠지만 그것은 돈을 주고도 소화기관을 학대하는 일이 되며, 그 음식들이 몸에 들어가 부패하게 되면 각종 질병을 일으킨다는 요지였다. 6천원에 먹을 수 있는 음식이라면 된장찌개나 청국장, 김치찌개, 순두부찌개 같은 음식들이다.

걷기를 놀이처럼 즐겁게 하면 좋을 것이며, 잠을 푹 자야하고 음식은 육체와 정신을 다스리는 명약으로 알고 지낸다면 필시 다이어트는 성공하게 될 것이다. 음식을 섭취하기 전에 한 번 더 깊이 생각을 하고 신중하게 먹는 습관을 몸에 익힌다면 무절제한 음식물의 섭취를 사전에 제한할 수 있다. 다이어트는 정직한 것임을 알았다.

우리가 먹는 대로, 몸을 움직이는 대로 칼로리가 섭취되고 소모된다. 음식을 통해 칼로리를 조절하지 않으면서 다이어트의 성공을 기대하는 것은 복권을 사서 당첨되기를 기다리는 것과 같다. 몸이 힐링되는 건강한 음식은 앞서 친구가 이야기한 한 끼니에 6천 원 정도 주고 사먹을 수 있는 음식들인데 된장찌개, 김치찌개, 나물 음식과 같은 것이 여기에 해당할 것이다. 어머니가 평소 집에서 해주던 음식들이 몸에도 좋은 힐링 음식들이라고 생각하면 된다.

이에 비해 정제된 설탕, 밀가루, 흰 쌀과 같은 것은 과도한 탄수화물을 섭취하게 하고 영양적인 측면에서도 좋지 않다. 현미, 통밀, 콩 등 가능한 많이 가공하지 않은 자연 그대로의 음식을 섭취하는 것이 좋다. 고기를 먹는다면 가공육 보다는 자연 그대로의 생고기를 먹는 것이 좋다. 가공식품에는 셀 수도 없이 많은 인공색소, 감미료, 방부제, 항생제, 안정제 등이 들어간다. 제품을 만드는 측에서는 소량이기 때문에 거의 문제가 안 된다는 식이지만 이것이 인체에 축적될 경우에 문제가 된다.

"식품에 들어가는 첨가제는 2,000여종이 있는 것으로 보고되고 있다.
이 중 특별히 5가지는 주의해야 한다.
인공감미료인 아스파탐aspartame은 발작과 두통, 구역질, 불면, 경련, 우울증을 야기한다. 인공감미료 사카린saccharin은 두통, 구역질, 혹은 암을 일으킬 수 있다. 향료인 글루타민산 나트륨mono sodium glutamate, MSG은 두통, 홍조, 빠른 심장박동, 구역질 현상이 나타나기도 한다. 방부제인 아질산염은 두통을 유발하거나 시력이 저하될 수도 있다. 아황산염은 발작, 두통, 홍조, 두근거림 현상을 나타낼 수도 있다. 인공색소인 적색 6번은 알레르기 반응 및 염색체 손상, 적색 2번은 염색체 손상 및 암을 유발한다."
(강길전, p170)

섭취하는 음식은 가능하면 가공을 하거나 가공하는 과정에서 들어가는 방부제나 식품 첨가물이 없이도 먹을 수 있는 자연 그대로의 것을 간편하게 요리해서 먹는 것이 좋다.

"세계적으로 유명한 장수마을 10곳을 둘러보고 그들의 식생활을 조사한

결과에 의하면 장수마을에 사는 장수인들은 도정하지 않은 거친 곡물이나 감자를 주식으로 먹고 있었다. 파키스탄의 훈자지방에서는 거친 보리나 밀을 반죽하여 구워 만든 짜빠티, 에콰도르의 빌카밤바에서는 감자, 오키나와에서는 고구마와 콩, 이탈리아의 캄포디멜라와 사르데냐에서는 흰콩과 렌틸콩, 중국에서는 거친 옥수수, 프랑스의 남부지역에서는 거친 빵을 주식으로 먹고 있었다."

(이원종, p5)

당연히 장수마을에 사는 사람들은 거칠고 식이섬유가 풍부한 현미나 보리, 거친 곡물이나 감자와 고구마, 생선, 과일, 콩, 옥수수, 코코넛 같은 것들을 주로 먹는다. 이런 음식을 먹는 이들에게서 현대인들에게 흔한 심혈관 질환이나 당뇨를 발견하기는 어렵다.

좋은 기름을 섭취하는 것도 중요하다. 각종 튀김, 전류, 피자, 햄버거, 통닭, 칩 등에 들어가는 트랜스 지방을 삼가야 한다. 이런 음식은 세포막이 변질되어 영양분을 제대로 흡수할 수 없게 만들며 소화장애를 일으킨다. 이런 트랜스 지방에 대해서는 기름을 짜내는 방법부터 시작하여 트랜스 지방의 문제점에 대해 어느 정도 알아 둘 필요가 있다.

"옛날에는 압착법으로 참기름, 올리브유, 옥수수유, 포도씨유를 짰다. 그러나 현재 시판되는 것은 대부분 용제추출법이 이용된다. 용제추출법으로 만든 기름은 우리 몸에 해로운 트랜스 지방을 생성한다. 이 방법으로 기름을 만들면 부패하지 않기 때문에 오래 보관할 수는 있지만 몸에는 매우 해롭다. 트랜스 지방은 자연계에는 존재하지 않는다. 이는 인체에 좋지 않은 LDL 코레스테롤은 증가시키고 몸에 좋은 HDL 콜레스테롤은 감소시킨다. 또한 트랜스 지방은 암, 고혈압, 심장질환의 원인이 되며, 건강에 각종 피해를 준다. 이 때문에 유럽에서는 트랜스 지방의 함유량에 제한을 두고, 수치를 초과할 경우 판매를 금지시키고 있다."

(강길전, p18)

불포화지방산이 풍부한 올리브 오일이 좋다. 올리브 오일은 변비를 없애주고 위장의 염증을 없애주는 것으로 알려져 있다. 오메가-3, 지방산이 풍부한 생선기름 등을 섭취하여 피를 깨끗하고 맑게 유지하면 좋을 것이다. 그 외에도 참기름, 오메가-3가 들어 있는 들기름, 옥수수유, 포도씨유, 카놀라유(유채꽃기름)도 좋다. 나는 이런 기름들을 채소와 과일을 넣어 샐러드를 만들 때 넣기도 한다.

올리브 오일 등 고가의 기름을 살 때는 앞서 언급한 바처럼 제품설명서를 읽은 다음 다소 비싸더라도 압착법으로 짠 것으로 구입한다.

고기의 경우 닭고기와 삶은 돼지고기, 계란으로 단백질을 섭취한다. 계란은 독성을 중화시키는 치료력이 있는 것으로 알려져 있다. 고기는 적게 먹고 채소나 과일을 많이 먹는 소육다채小肉多彩의 식생활이 좋다. 과일의 경우 신토불이 사과와 토마토 등 제철에 나오는 싱싱한 과일과 녹황색 채소를 많이 먹어야 한다.

음료에 대해서는 기상한 후 식사 전에 한 대접의 미지근한 물을 먹는 것이 몸에 좋다. 식사와 함께 찬 물을 마시게 되면 침샘의 흐름을 감소시켜 소화에 장애를 초래한다. 어떤 사람들의 경우 식사를 하면서 과일을 채소나 반찬처럼 먹는 경우가 있는데 그렇게 되면 음료를 마실 필요성이 줄어들 것이다. 마찬가지로 진한 차와 커피는 위장을 상하게 한다. 죽과 같은 유동식은 위에 장애가 있다던가, 수술 후라던가 하는 특별한 사유가 있을 때 제한적으로 섭취하면 좋을 것이다. 씹어서 소화하는 음식보다 건강을 보장하지 못하기 때문이다.

"빵의 경우에는 소다나 베이킹파우더의 사용은 해로우며 필요하지 않다. 소화기관을 상하게 할 수 있다. 소다는 위에 염증을 일으키는 원인이 되며 때로는 전신을 중독 시킨다. 부풀리거나 이스트를 넣은 빵을 만들 때에 물 대신 우유를 사용하지 말 것이다. 우유를 사용하면 비용이 더 많이 들고 그 빵으로 하여금 훨씬 더 건강에 좋지 않게 한다. 우유 빵은 물로 만든 빵 만큼 오랫동안 맛을 유지하지 못하고 위에 들어가면 쉽게 발효된다. 빵은 가볍고 맛이 좋아야 한다".

(엘렌 G. 화잇, p365)

그녀는 계속 충고를 잊지 않는다.

"설탕은 혈관을 막히게 하며, 기관의 작용을 방해한다. 당분은 발효가 되므로 위장 장애를 일으키고 두뇌를 흐리게 한다."

(엘렌 G. 화잇, p379)

칼로리 북을 휴대하라

입으로 들어가는 음식이 나 자신을 만든다. 다이어트를 목적으로 정했다면 그 음식을 먹기 전에 미리 한 번 깊게 생각을 해 보는 것이 중요하다. 이 음식을 먹어서 과연 내 몸에 어떤 영향을 줄 것인지 하는 것을 깊이 생각해 보고 음식물 섭취를 제한하든지 장려하든지 하는 적절한 조치를 취해야 한다. 현대를 사는 우리가 잘못하고 있는 것 가운데 하나는 필요 이상으로 너무 음식을 많이 먹는다는 것이다. 필요 이상으로 과음과 과식을 하고 뉘우치지도 않는 것은 일종의 죄악이다.

이것저것 제한하지 않고 먹어대는 것은 돈을 낭비할 뿐만 아니라 자기 자신을 해치게 된다. 그렇게 잘못하고도 몸에 병이 들면 마치 하늘의 불운인 것처럼 이야기한다. 육체와 정신이 망가진 모든 결과는 자신이 잘못 선택한 결과다. 많은 사람들이 식욕의 방종으로 병원에 자신의 몸을 맡기면서 힘들게 번 많은 돈을 낭비하고 있다.

내가 먹는 음식의 칼로리를 알기 위해서 평소에 휴대를 해야 하는 것이 있다면 그것은 칼로리를 쉽게 찾을 수 있는 칼로리 북일 것이다. 칼로리 북은 복잡한 음식과 칼로리에 대한 이론을 설명하는 것이 아니라, 그림이나 사진으로 쉽고 간단하게 음식물에 대한 칼로리를 알려주고 찾을 수 있도록 되어 있으면 좋다.

음식물별 칼로리를 찾기 쉽도록 음식물의 이름을 가나다순으로 배열하든지 아니면 음식물을 밥 · 죽 · 면류, 빵 · 떡류, 과일류, 음료 · 주류, 나물 · 김치류, 조림 · 찜류, 국 · 탕 · 전골 · 찌개류, 전 · 튀김류 식으로 분류하든지 하여 어떤 음식물을 먹으려고 할 때 사전 찾듯이 쉽게 칼로리를 알 수 있도록 해주는 것이면 좋다. 가능하면 소책자가 되어 수첩식으로 휴대를 하거나 가방에 넣어 다니면서 전철이나 식당이나 어디서나 궁금할 때 펼쳐 볼 수 있어야 한다.

칼로리 책을 구입할 때는 음식물에 대한 칼로리별, 가나다순, 영어 이름으로 찾아보기 등 색인이 붙어 있는 책을 구입하라. 아무튼 자신에게 맞는 것을 찾아서 활용하도록 하면 좋을 것이다. 나는 다이어트를 하는 동안 수도 없이 칼로리 북을 찾아보면서 참조를 하여 많은 도움을 받았다.

거듭해서 이야기하지만 다이어트는 단 한 번에 이루어지는 그런 간단한 종류의 것이 아니다. 다이어트는 굉장히 세심하게 이것저것을 가리고 조심을 하는 등 많은 과정들이 모여서 이루어진다. 먹고 자고 걸으며 운동하는 좋은 생활 습관들이 모이고 모여야만 성공할 수 있는 아주 까다로운 놈이다. 관심을 가지고 시간이 허용되는 한 칼로리 북을 보면 그동안 자신이 음식물들에 대해 무지했다는 것을 알게 될 것이다. 탄수화물이라고 생각하지 않았던 음식들이 실상은 탄수화물인 경우도 발견하게 될 것이고 거의 칼로리가 없을 것으로 여겼던 음식물들이 의외로 높은 칼로리를 가진 음식임을 알고 놀라기도 할 것이다.

책장을 넘기는 동안 음식물에 대한 나름대로의 주관이 생기게 된다. 그런 식으로 반복해서 책을 보면 칼로리에 대해 통달하게 되고 그 이후로는 이것을 먹어야 할까 말아야할까, 먹는다면 어느 정도 먹어야 할까 하는 것들을 결정할 수가 있게 된다. 칼로리 북을 활용하여 음식물을 정신의 주관 하에 두어야 할 것이다. 이것이 다이어트에 성공하여 건강을 지키는 지름길이다.

간식을 자제하라

　과도한 음식물을 제한해야 한다는 사람들은 하루 2끼만 먹어도 좋다고 생각한다. 굳이 3끼를 먹어야 한다면 저녁의 경우 아주 가볍게 먹을 것을 권한다. 저녁은 구운 비스켓과 과일 혹은 곡류로 된 음료들로 하는 것이 좋을 것이다. 그렇지 않고 잔뜩 음식물을 섭취하여 소화가 되기도 전에 잠자리에 든다면 위장이 소화를 시키기 위해 쉬지 않고 움직일 것이기 때문에 잠을 자고 나서도 피곤이 가시지 않을 것이다. 이런 습관을 계속할 경우 위장은 낡아서 못쓰게 되거나 고장이 나기 쉽다.

　쇠로 만든 기계도 수 십 년을 쓰게 되면 망가지고 고장이 나는 것을 생각해 보라. 민감하고 섬세한 것이 우리 몸인 만큼 아주 조심조심 다루어야 할 것이다. 그리고 무리를 해서 사용하면 안 된다는 것을 상기하라. 하루에 2끼니만 먹자는 주장도 필요이상의 음식물을 섭취하고 나서 그것을 소화시키기 위해 소화기관을 과도하게 혹사시켜서는 안 된다는 것이다.

　아침, 점심, 저녁 3끼니를 먹는 경우라면 식사 끼니때마다의 시간적인 간격은 최소한 5시간은 두어야 한다. 그래야 중간의 공백 기간 동안 소화기관이 휴식을 취하고 다시 움직일 수 있다. 아침을 황제처럼 먹으라는 말은 아침은 위장이 잠을 자느라 밤새 휴식을 취한 뒤여서 하루 중 가장 왕성하게 활동할 수 있는 시간이기 때문이다. 그래서 아침은 점심과 저녁 보다는 소화력이 좋아 잘 먹어도 좋다는 말이 된다. 아침을 그 날 중 가장 영양 있는 끼니가 되어야 한다. 그런 까닭에 아침을 조금 먹고 저녁을 많이 먹는 습관은 잘못된 것이다.

특히 간식을 조심해야 한다. 간식거리는 음식이 아니라 몸을 해하는 독毒이라고 생각하는 편이 맞다. 나 역시 걷기 등 다이어트를 실천하는 동안 간식의 유혹으로 몸부림 쳤을 때가 많았다. 걷기를 마친 후 밥 때가 되면 현지에서 저녁을 먹고 나서도 유혹을 받는 경우가 많다. 추운 겨울에 집으로 돌아오는 길목을 지나다가 만두집에서 김이 모락모락 올라오는 것을 보거나 어묵이 있을 때 따뜻한 국물을 목으로 넘기고 싶은 강한 유혹을 받는다.

집에 들어와서도 몸을 씻고 잠자리에 들 시간에 따뜻한 차나 한 잔 먹고 자도 좋을 것 같은데 하는 출출한 생각에 이런저런 간식을 취하게 된다.

이런 습관을 버리지 못해 간식을 부득이하게 해야만 하는 처지라면 어떻게 해야만 할까. 이때는 칼로리가 아주 적은 음식을 간식이나 야식으로 대체하는 것이 현명한 방법이다. 그런 고심 끝에 내가 선택한 음식이 바로 무말랭이와 오이였다. 처음에는 무말랭이를 사다가 먹었다. 아내는 무말랭이를 뭘하러 그렇게 많이 사느냐며 핀잔을 주었지만 나는 무말랭이가 떨어지면 허기에 이것저것 먹을 것이 염려되어 충분히 사다두어야 불안하지 않았다. 무말랭이는 너무 잘게 썰어 말린 것보다는 큼직큼직하게 썰고 위생적으로 깨끗하게 말린 것이 좋다. 나는 무말랭이를 사다 놓고 무엇이 먹고 싶은 생각이 들 때마다 꺼내서 씹어 먹었다. 무는 말려 놓으면 고들고들한 것이 씹히는 식감이 좋을 뿐만 아니라 배도 불러와서 무엇을 좀 먹었다는 느낌이 들었다.

한동안은 그렇게 하다가 무 냄새가 입안에 배자 그 대용으로 찾은 것이 오이였다. 오이가 사람 몸에 얼마나 좋은가 하는 것은 인터넷을 검색을 해보고 나면 놀랄 것이다. 오이는 육질이 단단해서 씹어서 먹을 경우 아삭아삭한 식감이 있을 뿐만 아니라 배고픔을 면하게 해주는 역할도 한다. 그리고 입안의 냄새를 없애주기도 하는 등 부수적인 이점도 많다. 사람들이 흔히 등산을 갈 때 오이를 챙겨가는 것을 볼 수 있다. 그것은 허기를 면하고 수분을 섭취하게 해주는 훌륭한 음식이라는 것을 입증하는 것이다. 칼로리

또한 적어서 많이 먹어도 큰 문제가 없다. 참고로 무말랭이를 무쳐서 나물로 했을 경우에도 50g에 30kcal 정도밖에 안 되고, 오이의 경우에도 무침으로 했을 때 50g에 20kcal 밖에 안 되는 저칼로리 음식이어서 밥반찬으로 먹어도 다이어트에 좋은 음식이다. 그리고 무말랭이를 기름 없이 팬이나 냄비에 볶아 차로 마셔도 좋다. 그러면 무의 맛이 나는 것이 아니라 구수한 누룽지탕을 먹는 것 같은 새로운 맛을 경험할 수 있다.

우엉 역시 다이어트에 좋은 음식으로 알려져 있다. 우엉을 썰어서 말린 것을 한 됫박씩 파는데 너무 잘게 썬 것 보다는 크게 썰고 깨끗하게 건조된 것이 찻물도 잘 우러나고 상품上品이다. 나는 이 두 가지를 섞어서 차로 만들어 먹어 보았는데 다이어트에도 좋은 결과를 얻을 수 있었다. 간식을 해야만 한다면 지혜롭게 저 칼로리이면서 간식의 욕구를 달래어 주는 자신만의 대체 음식을 알아내는 것이 중요하다.

다이어트의 최대의 적은 술

〈나〉는 무엇일까.

"나는 역사상 최대의 흉악범이다. 나는 전쟁에서 보다 더 많은 사람을 죽였다. 인간을 야수로 만들고 수백만의 가정을 파괴하고 셀 수 없이 많은 사람들에게 내리막길을 걷게 했다"

더 긴 말을 하지 않아도 눈치가 빠른 사람들은 여기서 〈내〉가 바로 술이라는 것을 쉽사리 알아차릴 것이다. 세계보건기구는 한 해 60만 명이 술로 인해 사망한다는 보고를 낸 바가 있다. 탈무드에 보면 술의 기원과 본질에 관한 재미있는 이야기가 나온다.

"최초의 사람이 나무를 심고 있었다. 악마가 와서 지금 무엇을 하고 있느냐고 묻자 그 사람은 훌륭한 나무를 심고 있다고 대답했다. 그러자 악마는 자기는 그런 나무를 한 번도 본 적이 없다고 했다. 그러자 그 사람은 이 나무는 아주 달고 맛이 있는 열매를 먹는데 그 즙을 마시면 당신은 더 없이 행복해 질 것이라고 대답하였다. 악마는 호기심에 차서 자기도 좀 끼게 해달라고 사정을 했다. 그런 후 악마는 양과 사자와 돼지와 원숭이 네 마리를 끌고 와서 죽여 그 피를 비료로 흘려 넣었다. 그렇게 하여 포도주가 만들어졌다. 그래서 처음 마실 때는 양과 같이 온순하고, 조금 마시면 사자와 같이 강폭해지고, 좀 더 마시면 돼지같이 더러워진다. 또 너무 마시게 되면 원숭이 같이 춤을 추기도 하고 노래를 부르기도 하고 야단법석을 떤다".

(박종구편, p1047)

악마가 어떤 사람을 타락시킬 때 자기가 바쁘면 대신 친구로 술을 보낸다는 속담이 있다. 이 말은 다이어트를 결심한 사람에게도 해당되는 말이다. 술이 이전에는 남자들의 문제였지만 이제는 남자 여자 가릴 것 없이 모든 사람의 문제다. 이제는 여자들도 술로 인해 다이어트에 실패하는 경우가 많다.

다이어트를 말하기 이전에 술의 폐단을 살펴보면 술이 육체뿐만 아니라 정신을 황폐화시키는 것임을 알 수 있다. 성경 잠언서에 보면 술의 폐단이 잘 나타나 있다.

"네가 스스로 말하기를 사람이 나를 때려도 아프지 아니하고 나를 상하게 하여도 내게 감각이 없도다 내가 언제나 깰까 다시 술을 찾겠다 하리라."

(잠언 23:35).

술에 취해 맞아도 아프지 않고 다쳐도 감각이 없으며 술이 깨면 다시 술을 찾게 되는 중독의 상태를 말하는 대목이다. 이 정도가 되면 이미 몸뿐만 아니라, 정신까지 다 고장이 나서 온전한 사회생활을 할 수가 없게 된다. 직장을 다니던 사람은 직장을 더 이상 다니지 못하게 되며 가정을 가진 사람은 술로 인해 폭언과 폭행을 일삼고 가정 경제는 파탄이 난다. 아이들은 제대로 된 교육을 받지 못하고 배우자는 안정적인 가정의 운영을 하지 못하여 결국 가정이라는 울타리는 비바람에 젖고 심하게 흔들리는 형국이 된다. 결국 두 사람은 이혼한다. 두 사람은 서로 갈라서고 재산도 다 날아가고 누구는 병원을 전전하다가 길거리에서 울분에 쓰러져 죽을 수도 있다.

이혼판례를 살펴보면 술에 취해 사람 구실을 하지 못하는 관계로 이혼을 당하는 수많은 사례를 보게 된다. 술을 많이 먹고 그것이 주변에 문제가 되기 시작했다면 그 사람은 결국 이혼으로 가는 열차에 승차했다고 보면 된다. 얼마가지 않으면 별거라는 정거장을 거쳐 이혼이라는 마지막 종착역에 닿게 될 것이다. 어떤 사람은 술을 먹지 못해 인간관계에 끼이지 못하는 사람이 있는가 하면 또 어떤 사람은 술을 먹지 않으면 당신과 절교하겠노라고 말도 안 되는 위협을 가하는 사람도 있다.

술은 구구한 이유를 대면서 조금이라도 마시게 되면 끊을 수 없다. 막걸리는 약이며, 포도주는 교회에서도 성찬식에서도 먹으며, 소화흡수를 돕는다는 구실로 술을 쉽게 여기고 입에 한 방울이라도 댄다면 술은 끊기 어렵다. 사람들은 흔히 돈은 한 방에 버는 것이라는 말들을 잘 한다. 인생은 한 방이니 돈을 버는 것은 한 방에 벌어야 하니 하는 등등의 말들 말이다. 하지만 그것은 인생을 모르는 하수들의 헛소리들이다. 한 방에 딱 끊어야 하는 것은 술이다.

술이야 말로 한 방에 끊지 않으면 안 끊어진다. 어떤 사람은 아들놈과 함께 술을 먹었는데 그 아들놈의 술주정이 얼마나 심하던지 자기 아버지도 몰라보고 욕지거리를 해대는 것을 보고 술을 아예 딱 끊어 버렸다는 이야

기를 했다. 그 뒤로 누가 술 이야기만 꺼내면 몸서리가 처지고 자식 놈의 추
태가 떠올라 아예 술은 쳐다보기도 싫어지더라는 이야기였다. 술은 이렇게
단숨에 끊어야 하고 한 방울도 입에 대지 말아야 한다.

우리 사회에서 다이어트가 어려운 이유는 여러 가지가 있지만 특히 술을
권하는 사회의 술 문화와도 관계가 깊다. 한마디로 다이어트 최대의 적은

두말할 것이 없이 술이다. 특히 직장인의 비만은 허구한 날 잡히는 회식이 기여하는 바가 크다. 친한 사람들끼리 만날수록 1차는 입가심이다 하면서 연이어서 2차, 3차를 하며 날을 지새운다. 국민통계자료에 의하면 우리나라 남성들의 에너지원을 조사해본 결과 1위는 쌀이고, 2위가 돼지고기, 3위가 소주였다는 통계자료가 있다. 다이어트는 술로 인해 다 망가진다는 것은 허구가 아니다. 술을 많이 마시게 되면 과잉 칼로리를 섭취할 가능성이 많다.

> "알코올은 칼로리가 높다. 에너지를 만드는, 즉 많이 먹으면 살찌는 영양소 세 가지 중 탄수화물과 단백질은 1g당 4kcal, 지방은 9kcal 만큼의 에너지를 낸다. 그렇다면 알코올은 놀랍게도 1g당 7kcal 으로 탄수화물보다 높고 지방에 가까운 에너지를 낸다. 따라서 음주에 의해 에너지를 과잉 섭취할 가능성이 높게 된다. 알코올을 마실 때 마다 기름을 마신다고 생각해도 좋다. 예를 들어 소주 한 병이 약 600kcal 정도의 에너지를 낸다."
>
> (홍경희, p48)

소주 한 병의 600kcal는 비빔냉면 1그릇(400g), 비빔밥 1그릇(410g), 엄마손 파이 1통(140g), 쫄면 1그릇(400g)에 해당하는 열량을 낸다. 갈비구이(200g)가 610kcal임을 생각하라! 문제는 소주를 한 병만 먹는 것이 아니라는 것이다.

어디 그것뿐인가. 몇 병을 먹고, 그것도 맥주, 양주 등 다른 술과 섞어 마시고, 칼로리가 높은 삼겹살과 같은 고기나 탕 종류를 먹고 운동을 하지 않은 채 집에 들어가 잠을 잔다. 이런 회식이 있는 날에는 저녁 회식자리의 1끼니에 하루 섭취해야 하는 모든 칼로리를 다 섭취하고 나머지 낮에 먹은 칼로리는 다 체지방으로 저장되어 비만이 안 될 수가 없다.

그런데 정작 문제는 술을 먹게 되면 음식에 대한 자제력을 잃게 되어 이것저것 가리지 않고 닥치는 대로 먹는다는 것이다. 술을 먹고 자제력이 없어진 상태에서 라면을 끓여 먹고, 과자를 먹고, 족발을 먹고... 술을 먹을 때는 아무런 양심의 거리낌도 없이 과감해진다. 이렇게 되면 자포자기가 되어 다이어트는 더 이상의 동력을 잃게 된다. 그렇다고 사회생활을 하는 사람이 술자리를 안 할 수도 없다. 술을 고사하면 주변의 미움을 받고 회식 분위기를 다 깨고, 죄책감에 시달리느니 차라리 먹고 잊자! 는 식으로 마음을 먹게 된다.

사실 회식 자리의 분위기는 어차피 어려운 세상 술이라도 먹고 괴로움을 잊어 보자는 속내다. 술이 폭탄이라는 것은 잘 알지만 너만 폭탄을 안 맞을 수 없으니 다 같이 먹고 함께 터지자는 심사가 깔려있다. 시골에서 농사를 짓거나 과수원에서 일을 하는 농부들의 경우 일이 힘이 부칠 때 막걸리를 먹고 술 힘으로 억지로 일을 해내기도 한다. 그처럼 도시인의 직장 생활도 마찬가지다. 술을 먹으면 안 그래도 지친 몸과 정신이 망가지는 것은 알겠지만 어쩔 수 없이 술 힘으로 라도 한 번 견디어 보자는 것이다.

이 경우 술자리가 있는 회식을 피하거나 꼭 가야 한다면 분위기를 맞추어

주기 위해 2~3잔정도 이상은 마시지 않는다는 기준이 있어야 한다. 안주를 먹을 때도 소주에 족발이나 삼겹살을 먹을 것이 아니라 채소류나 과일, 두부와 같은 것으로 대체해야 한다. 사회생활을 하면서 다이어트를 하는 일은 매우 어려운 일이다. 술자리에서도 절제를 잊지 않는 것이 자신을 지키는 것이다.

9
/
다이어트의 마지막 남은 과제들

느리게 걷기 #9

/

"일단 정해진 규칙은 철저히 지키려고 애를 쓴다.
다이어트는 과정이 중요하다."

마지막에 남는 숙제

이제 마지막 남은 숙제가 있다면 남은 뱃살을 빼는 것이다. 얼굴, 팔 다리 엉덩이... 신체의 모든 부분의 살이 다 빠져도 마지막으로 남아 있는 것이 뱃살이다. 이 부분에 대해서는 특별한 대책을 세워 노력하지 않으면 안 되리라는 것을 안다. 최종적으로 뱃살과 더불어 격렬한 한판의 전투를 치러야 할 일만 남아 있다. 아무래도 뱃살을 빼는 데에는 기존의 걷기 운동으로는 큰 도움이 안 될 것이며 만일 걷기에만 의존한다면 많은 시간이 걸릴 것 같다는 생각이 든다.

계속 걷는 방법으로 뱃살을 빼자면 매주에 한 번은 쉬는 날을 택해 왕복 8km정도 되는 거리의 산은 올라야 할 것이다. 시간으로는 3시간 정도 걸릴 것이고, 만보계로는 15,000보정도 걸어야 할 것이라는 것쯤은 이제는 안다. 그것도 한 4개월 정도를 하고 나면 그 때가서 반응이 나타날 것이다. 누구는 뱃살을 빼는데 줄넘기가 좋다고 이야기하는 사람도 많다. 무릎에 무리를 주지 않는다면 그 방법도 좋을 것이다. 만일 줄넘기를 대안으로 선택한다면 매일 아침, 저녁으로 최소한 30분씩은 줄넘기를 해야 할 것이다. 하지만 줄넘기는 무리한 운동으로 부작용으로 고생할 것 같은 생각이 자꾸만 든다. 그래서 쉽게 도전이 안 된다.

그것이 아니라면 근력을 키우는 운동을 시작해야 할 것이다. 유산소 운동은 이제 할 만큼 했기에 근력운동으로 신진대사를 원활하게 하여 다이어트의 효과를 보아야 할 것이다. 특히 배에 찬 체지방을 복근으로 만드는 근력 운동을 해야 한다는 생각을 하고 있다. 그러자면 헬스장에 가서 트레이너의 지도아래 일정 기간 뱃살 부분에 집중적인 근력운동을 해야겠다는 생각이다. 그런데 일정한 장소에 시간을 맞추어서 나가야 한다는 성가심도 그렇고 돈이 든다는 것도 부담이 된다.

지금까지 해온 운동은 늘 혼자서 할 수 있는 자유롭고 비용이 들지 않는 간편한 운동이어서 그런지 헬스장에 간다는 일이 왠지 쉽지만은 않다. 무작정 걱정만 하고 있을 수만도 없어서 현실을 인정하면서도 최선의 방법으로 생각한 것이 먼저 뱃살에 대한 부위별 공부와 그에 따른 적절한 운동부터 시작하기로 했다.

우선 집에서 뱃살을 잡기 위한 운동을 조금씩 이라도 해 보기로 결심을 하고 실천을 하고 있는데 많은 도움이 되고 있다. 먼저 아침에 일어났을 때 힘든 복근 운동을 무작정 하는 것이 아니라 복근 운동을 하기 전에 사전 준비운동이 필요한데 나는 몸을 깨우는 방편으로 목침 운동을 하고 있다. 목침을 엉덩이 위에 걸친 채 만세 부르는 자세로 두 손을 귀 옆으로 쭉 뻗은 채 30번 정도를 센다.

그 다음 그 목침을 등짝 양 날개 죽지 아래에 수평하게 놓은 다음 동일하게 40번 정도를 센다. 허리뼈가 강화되고 바른 자세에 좋다. 그 다음으로 목에 목침을 베고 도리도리 좌우로 목을 움직이면 목 부분의 혈관의 흐름을 원활하게 한다. 굳이 시간을 내어 체육관을 가거나 길거리를 나가지 않고서도 방안에서 잠들었던 몸을 부드럽게 깨울 수 있다.

복근운동하기

앞서 배 부위를 집중적으로 운동하기 위해 윗몸일으키기 훌라후프 돌리기 등을 할 수 있으나, 이것도 힘이 들어 잘 시행이 되지 않았다. 그래서 무리가 가지 않는 정도로 누워서 편하게 할 수 있는 복근운동을 생각해 보았다. 다이어트 운동은 너무 힘이 들거나 어려우면 두려움에 잘 하지 않게 되기 때문이다. 아주 무리가 없고 편하게 누구의 도움 없이 비용들이지 않고 혼자 할 수 있는 운동들을 찾아야 한다. 내가 하는 아침 기상시의 복근운동 은 다음과 같이 몇 가지가 있다.

첫째, 지느러미 흔들기 동작이다. 천장을 보고 반드시 누운 자세에서 고 개를 들고 두 다리를 모아 15도 각도로 방바닥에서 띄운 후 고기가 지느러 미를 흔들 듯이 좌우로 움직인다. 이 때 두 손은 모아 배꼽 위에 올려놓으면 된다. 이런 동작을 15번 3세트를 반복 하든지 아니면 100번 정도를 한다.

둘째, 누워서 두 발로 짐볼 들어올리기. 다음으로는 반드시 누운 자세에 서 양다리 사이에 사이즈가 큰 짐 볼을 끼운다. 고개는 든 채 양다리 사이에 끼운 짐 볼을 들었다 내렸다 하는 동작을 15번 3세트를 반복하던지 아니면 150번 정도한다.

셋째, 마지막 동작으로 천장을 보고 바로 누운 자세에서 두 무릎을 모아 배꼽까지 당긴 후 발쪽을 향해 쭉 뻗는 동시에 모은 두 손은 모아서 만세를 부르는 것처럼 위로 쭉 뻗는다. 이것은 마치 개구리가 발차기 하며 나가는 수영동작과 비슷하다. 이 동작을 할 때 골반 뼈가 두두 둑하고 소리를 내기 도 하는데 이 역시 15번 3세트를 반복하던지, 50개 정도한다.

나는 책상다리가 안 되어 침대나 책상이 아닌 방바닥에서는 오래 앉아 있지를 못하였다. 그래서 모임에 나가면 방에 앉아서 책상다리를 하는 것이 고역이었다. 언젠가는 나이 지긋한 지인의 초청으로 다른 사람들과 함께 식사대접을 받기 위해 식당에 간 일이 있었다. 음식이 차려진 곳은 식탁이 아닌 방 안이었는데 우리를 초청한 그 분은 방바닥에 책상다리를 하고 앉아 있을 수가 없어서 자신은 혼자 낮은 의자를 갖다 놓고 그 위에 앉아 방에 앉은 손님들을 맞이하고 있었다. 그 모습은 아주 어색하고 안 되어 보였다. 체중이 많이 나가고 운동부족으로 몸이 유연성을 잃게 되면 그런 현상이 일어난다.

그런데 이 세 가지 운동을 계속해서 그런지 신기하게도 평소에 안 되던 책상다리가 되고, 1시간씩 가부좌를 틀고 앉아 있어도 신기하게 다리가 아프지가 않았다. 그리고 날이 갈수록 배 부위에 선이 그어지는 느낌을 받았다. 처음엔 살이 쪄서 동산같이 둥글던 배가 쭈글쭈글해지면서 거기에 땅을 구획하듯이 선이 그어지는 것을 보고 얼마나 놀랐는지 모른다. 분명히 이것은 배에 복근이 만들어 지기 위해 배가 갈라지는 현상인 듯 보였다.

위에서 말한 세 가지 운동은 모두 다 배의 근육을 당기는 그런 운동인 만큼 뱃살을 잡는 역할을 한다. 거실에 매트 같은 것을 깔아 놓고 새벽시간에 30분 정도 하는 운동이다. 이 운동이 언젠가는 지겨워지게 될지도 모르겠다. 혼자 간편하게 할 수 있는 운동이어서 계속 이어가기를 바랄 뿐이다.

운동이든 음식섭취를 제한하는 것이든 무리하게 목표를 설정하지 않으려고 애를 쓴다. 이것은 잠을 자는 데도 마찬가지다. 자신에게 매우 관대하고 부드럽게 신사적으로 대해주는 편한 다이어트가 지속성을 가진다. 하지만 일단 정해진 규칙은 철저히 지키려고 애를 쓴다. 다이어트는 과정이 중요하다.

살이 빠질 때도 한꺼번에 빠지는 것이 아니라는 것을 경험하게 된다. 정상적인 다이어트를 할 경우 감량의 경로는 2~3개월을 한 사이클로 해서 살이 몇 kg씩 계단 내려가는 식으로 빠지는 것을 볼 수 있다. 이것은 다이어트가 계단식 모형의 과정을 거치는 것임을 말해준다. 다이어트를 한다고 너무 과하게 목표를 잡으면 흐트러지거나 도망치고 싶고, 흐트러진 다음에는 후회를 하고 다시 돌아와 마음을 굳게 다잡는 일이 반복된다. 다이어트는 결국 멘탈의 문제다.

몸의 변화와 달라지는 옷의 선택

다이어트를 시작하면서 3개월 정도가 지나면 서서히 몸의 변화를 인지하게 된다. 열심히 걷고, 음식을 함부로 과다하게 먹지 않고 절제를 하고 3개월 정도가 지나면 체중은 5kg 이상 줄어들면서 몸통이 작아진다. 이때부터 옷을 걸치는 것도 과거와는 다른 선택의 기준이 필요하게 된다. 몸무게가 줄어들면서 산뜻한 옷을 사 입고 싶은 마음이 생긴다. 그래서 양복점에 갔는데 나에게 맞는 크기가 없었다. 살이 빠져서 몸무게가 6kg정도 줄고 허리 인치 수가 줄어들자 종전에 입던 트렁크와 같은 큰 사이즈의 옷이 이제는 헐렁한 느낌이 들었다. 그렇다고 젊은 사람들이 입는 사이즈의 옷을 사서 입을 수도 없어 난감해 하고 있을 때였다. 옷 사이를 주저하며 방황하는 나를 지켜보고 있던 옷가게 사장님은 내가 종전에 입던 사이즈에서 1~2치

수 적은 옷을 입어 보라고 말하며 옷을 한 벌 권해 주었다.

　나는 좀 의아해 하면서 권해 준 옷을 입었는데 허리가 좀 작았다. 다소 불편했으나 거울을 보니 이전의 트렁크 형태의 옷을 입을 때 보다 옷 맵시가 살아 있어 좋아 보였다. 다만 안 들어가는 허리만 좀 고치면 될 것 같았다. 그 사장님은 허리는 여유가 있으니까 늘리면 된다고 하면서 앞으로 옷을 살 때는 입기에 편한 옷 보다는 자신의 치수보다 1~2치수 작은 옷을 사서 허리를 늘려서 입으라고 하였다. 살이 쪄서 핏이 나오는 옷에 대해서는 남의 나라 일처럼 관심이 없던 나는 선이 적당히 들어가고 나온 옷의 맵시에 눈을 뜨게 되었다. 맵시 좋은 옷을 입으면 기분이 좋고 자신감이 생겨서 다이어트에 더 박차를 가하는 동력을 얻을 수 있다. 그 날 이후로는 헐렁한 옷을 입지 않고 맵시가 나는 단정한 옷을 입으려고 애를 쓴다.

횡재한 것은 그것뿐이 아니다! 살이 찐 이후에도 욕심이 생겨 몸에 맞지 않는 작은 사이즈의 옷을 구입했으나 한 번 입어보고는 불편해서 장롱 속에 그냥 처박아 둔 채 잊고 지냈다. 장롱을 여닫는 동안 그 옷을 볼 때 마다 기분이 좋을 리 만무했다. 그런데 이게 웬일인가! 까맣게 잊고 지내던 어느 날 장롱 속의 그 옷들을 발견하고 무심결에 다시 입어 보니 품이 넉넉한 것이 맵씨도 좋고 너무 잘 어울렸다. 나는 거울을 이리저리 보면서 횡재를 한 사람마냥 들떠 어쩔 줄을 몰라 하고 있었다. 순간 나는 행복했다. 다이어트를 하고자 목표를 정하고 갖은 노력 끝에 얻을 수 있는 값진 열매였다. 그 열매는 정말 달았다.

1년의 기록

/

김용원의 다이어트 성공기

다이어트 성공비법

/

"매사에 작은 노력들이 하나 둘씩 모여서
다이어트는 완성되어 간다."

기록은 스승이다

다이어트를 하는 과정에서는 일기를 쓰든지 메모를 하든지 그 여정을 기록해 두는 것이 좋다. 그것은 다이어트를 위해 유용할 뿐만 아니라, 자신의 목표, 태도를 선언하고 분명하게 하는 것이기도 하다.

다이어트를 향한 자신의 결연한 의지를 대외에 선포하라. 자신이 운영하는 블로그 같은 데서 다이어트를 언제 어떤 방법과 시간을 가지고 진행할 것인지에 대한 각오를 선언하는 것이 대단히 중요하다. 뭐하러 그런 것을 동네방네 다 떠들고 다니느냐고 이상하게 생각하는 사람이 있을지 모르지만 다이어트를 성공하기 위해서는 반드시 필요한 일이라고 생각한다.

누누이 이야기를 하지만 다이어트는 멘탈의 문제다. 정신력을 강화하는 수단과 방법이라면 과감하게 수용해야 한다. 전쟁에는 전략과 전술이 있다. 다이어트의 전략적 목표에 해당하는 문구를 한 문장으로 정리하라. 〈연말까지 15kg을 감량한다〉거나 〈4월에는 55size의 옷을 입는다〉는 식으로 정하는 것도 훌륭한 전략이다. 이를 위해서 운동은 어떻게 하고, 음식은 어떤 음식을 어떤 방법으로 얼마만큼 먹으며, 잠은 어떻게 하며, 회식자리에서는 어떤 행동을 할 것이라고 하는 굳은 맹세를 하고 이런 것들을 구체적으로 열거하고 기록하면 된다.

요즘은 인터넷 세상인 만큼 내 이름을 걸고 세상에 나의 의지를 알리는

엄숙한 시대이다. 자신의 결심을 블로그에 올려 스스로 나태함을 채찍질
하며 고된 과정과 싸워 이겨내야만 한다. 누구도 아닌 자기 자신과의 싸움
이 바로 다이어트다. 운동의 경우 매일 매일 내가 걸은 코스, 거리, 시간, 만
보계로 측정한 걸음 수, 칼로리 소모량 등을 기록해 두면 후일에 참고가 될
것이고 앞으로 어느 정도 걸어야 하는지를 알 수 있는 기준이 되기도 한다.
가끔 이것들을 살펴보면서 흐뭇하게 웃을 수도 있을 것이며 나태한 내 마
음을 다잡을 수도 있게 된다.

그리고 한 달에 한 번 정도는 몸무게의 변화를 체크해 두는 것이 필요하다. 사람에 따라서는 체중 자체가 아니라, 근육과 체지방의 비율이 중요하다고 이야기한다. 그래서 체중계를 신뢰할 필요가 없다고 이야기를 하는데 어느 정도는 일리가 있는 이야기다. 하지만 그렇다고 몸무게나 허리 인치 수의 변화를 무시하라는 말은 아닐 것이다. 내가 다이어트를 하는 동안 내 몸무게와 허리의 변화를 수첩에 메모해 둔 것을 보자.

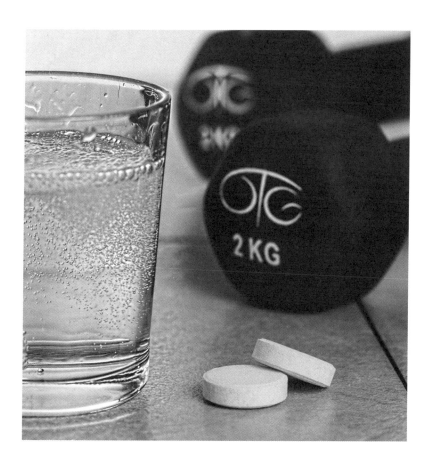

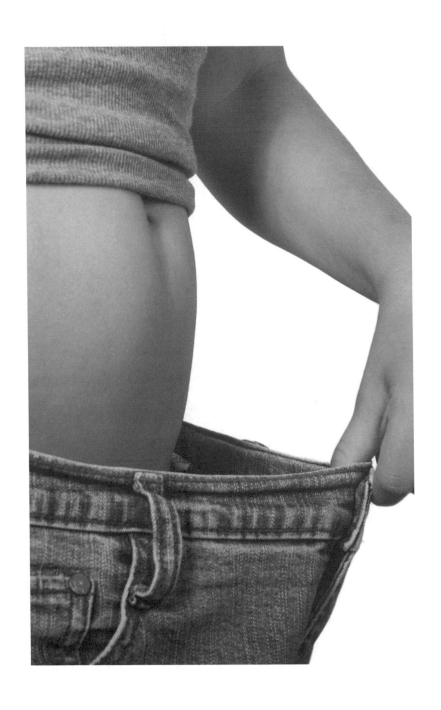

1)2014. 11.10일 몸무게 90kg (허리 39inch)

2)2014.12.8. 일, 몸무게 84kg

3)2014. 12.15일, 몸무게 82kg

4)2015.2.21일, 몸무게 83kg

5)2015.3.16일, 몸무게 79kg (허리 36inch)

6)2015.4.19. 일, 몸무게 77kg

7)2015.6.25. 일, 몸무게 76kg

8)2015.9.10. 일, 몸무게 76kg

9)2015.10.10. 일, 몸무게 77kg (추석여파 1kg 증가)

10)2015.10.28. 일, 몸무게 75kg (허리 35inch)

기록상으로 볼 때 다이어트를 시작하던 2014년 11월 10일에는 몸무게가 90kg이었고 허리는 39inch 였다. 몸이 불어가니 뒷골이 당기고 몸이 무겁고 매사에 의욕이 없었다. 머리가 터질 듯한 답답함을 느꼈다.

몸이 힘이 들면 노래방에 가서 1시간 30분 노래를 부르고 나면 몸이 가벼운 것을 느낀다. 그렇게 노래방을 가서 혼자 노래 부르는 방식으로 비만이 불러올 위기를 극복해 나가고 있었다. 더 이상 이렇게 살아서는 안 되겠다는 생각이 들어 다이어트를 하기로 결심을 했고, 시간이 나는 대로 옷을 챙겨 입고 거리로 나가 걷는 것부터 시작을 했다.

2015년 10월에 들어와서 몸무게는 75kg (허리 35inch)이 되었다. 아내는 내 몸을 보고 총각 때 모습으로 돌아가는 것이 아니냐며 반색했다. 앞으로 만일 70kg으로 감량한다면 총 20kg을 빼는 것이어서 대단한 성공이 아닐 수 없다. 지금까지 15kg을 감량할 수 있었던 것은 걷기 운동과 과식을 하지 않는 등 음식을 조심한 것이 원인이었다. 시간상으로도 1년이 걸려 꾸준하게 살이 빠졌으며 요요현상 같은 것은 없었다.

위에 예시한 자료 중 추석 여파로 살이 1kg이 붙었다. 다이어트 기간 중이어서 추석에 과식을 하지 않기 위해 무던히 노력을 했음에도 불구하고 1kg이 쪘다. 남들은 2~3kg이 찌기도 한다는데 많이 조심한 결과다. 명절, 회식 같은 때를 조심하지 않으면 다이어트의 의지는 꺾이게 된다. 매사에 작은 노력들이 하나 둘씩 모여서 다이어트는 완성되어 간다.

지금 당신의 몸과 마음은 어떤 상태인가. 배가 나오고 팔과 다리에는 지방이 가득하고 얼굴에는 윤기가 없어 자신이 보기에도 스스로 민망한 그런 모습을 하고 있는가. 육체가 균형을 잃게 되면 정신마저 위태롭게 되기가 쉽다. 설상가상으로 당신만이 겪고 있는 어떤 말 못할 세상사의 고민으로 지금 지옥과도 같은 고통 속에 갇혀 있는가.

만일 당신이 지금 그런 시기를 겪고 있다면 우울의 감옥에서 신음하고 있지 말라. 과감하게 새로운 삶을 살기를 결심하라. 먹는 것을 자제하고 걷는 운동을 하며 잠을 잘 자도록 노력하라. 그리고 무작정이라도 좋으니 집을 나서 길을 걸어라. 걷는 동안 당신의 몸에서는 자신도 모르는 신비의 명약이 나와서 당신을 변화시켜 줄 것이다. 당신은 정말 그냥 걷기만 하면 된다. 나머지는 창조주가 만든 오묘한 당신의 몸이 다 알아서 해 줄 것이다. 당신이 해야 할 일은 오로지 다이어트에 성공하고야 말겠다는 굳은 결심이 최소한 4개월 정도는 변하지 않도록 마음을 다잡는 일이다.

인간의 망가진 육체가 초래한 정신적인 고통은 다시 걷기를 통해 회복할 수 있다. 음식을 자제하고 특히 회식과 술자리를 조심하라.

그렇게만 한다면 부은 듯 퉁퉁했던 당신의 몸은 다시 작아질 것이며, 들어갈 곳은 들어가고 나올 곳은 적당히 나온 보기에도 좋은 모습이 된다. 피부에는 윤기가 생기면서 삶의 동력이 되살아 날 것이다. 그때가 오면 다이어트가 나를 다시 태어나게 했다는 황홀한 고백을 하게 될 것이다.

그런 날이 오기까지 나는 이 책을 통해 당신을 격려하고 응원을 아끼지 않을 것이다.

참고문헌

조지 쉬언 · 김연수역, 달리기와 존재하기, 한문화, 2003

카트린 지타 · 박성원역, 내가 혼자 여행하는 이유, 걷는 나무, 2015

엘렌 G. 화잇, 좋은 음식 올바른 식사, 시조사, 1986

한영실, 쉽게 찾는 칼로리북, 현암사, 2001

김훈, 라면을 끓이며, 문학동네, 2015

다비드 르 브르통, 걷기 예찬, 현대문학, 2002

사토 게이코 · 조미량 역, 수면 다이어트, 넥서스북, 2013

박정원, 내가 걷는 이유, 북뱅, 2015

K. 포르렌더 · 서정욱역, 칸트의 생애와 사상, 서광사, 2001

알프레드 아들러저/ 오구라 히로시편/ 박미정역, 인생에 지지 않을 용기, 와
이즈베리, 2014

스캇펙, 아직도 가야 할 길, 열음사, 2009

박종구편, 최신 예화 대사전, 성서교재간행사, 1986

한근태, 몸이 먼저다, 미래의 창, 2014

뚜르게네프, 산문시집, 민음사,

시오노 나나미 · 오정환역, 마키아벨리어록, 한길사, 2002

최복현, 삶의 속도를 늦추는 느림의 미학, 휴먼드림, 2008

박상우, 반짝이는 것은 모두 혼자다, 하늘연못, 2003

김용원, 닮다 그리고 닮다, 세움과 비움, 2015

당신의 말이 들리기 시작했다, 세움과 비움, 2014

어머니의 전쟁, (주)고려원북스, 2012

결혼은 동업이 아니다, 소망, 2011

박종석 · 허누리봄 · 변용현 · 황문현 · 김상호, 수면부족 성인의 신체활동량과 비만, 혈중지질과의 관계 분석, 한국사회체육학회지(한국사회체육학회), 제57호 하권 (2014년 8월) p.879-892

곽이섭 · 김영일, 복식호흡 운동이 비만 대학생의 체중, 체지방률, BMI, 복부비만률에 미치는 영향, 생명과학회지(한국생명과학회), 제20권 제12호 통권 제128호 (2010. 12) p.1867-1871

김경, 정상인에서 복식호흡을 이용한 몸통 근육의 효과, Korea sport research(한국스포츠리서치), 제17권 제6호 통권99호 (2006년 12월), p.545-554

윤영식, 복식호흡이 여성의 비만 및 체지방 감량에 미치는 효과, 한국사회연구(경기대학교 사회과학연구소), 제12권 제2호 (2009년 12월) p.133-154

홍경희, 남자의 다이어트, 밥보다 술이 문제야, 주간경향, 통권1138호 (2015.08.11), p48-49

신들의 음식, 신비로운 음식, 이주현, 한국산문, 통권111호, p68-71

이원종, 음식철학과 힐링음식, 주부교실, 454호, p4-5

박상철 · 정재용기자 정리, 생활태도를 바꾸면 장수가 보인다, 뉴스메이크 (2006.3.14.), p24-25

강길전, 좋은 음식, 나쁜 음식을 가릴 줄 알아야 한다, Healing Life 17 Vol.35(2015.2)p17-19

정재용, 생활태도를 바꾸면 장수가 보인다. 국내 100세 장수인 3가지 공통점...많이 움직이기, 규칙적인 생활하기, 잘 어울리기, 뉴스메이커 통권665호(206.03.14)p24-25, 경향신문사

"걷는 사람은 모든 것을 다 받아들이고
모든 것과 다 손잡을 수 있는 마음으로
세상의 구불구불한 길을,
그리고 자기 자신의 내면의 길을 더듬어 간다."
-다비드 르 브르통

김용원

평소 산책을 즐기며 인간은 걷기를 통해 다시 태어난다는 굳은 신념을 가지고 있다. 천장이 높은 방에 앉아 글 쓰는 것을 좋아하고 검정색을 선호한다. 삶이 자신을 피곤하게 하면 언제든지 집을 나와 길을 떠나는 방랑자다. 숭실대에서 가족법을 전공하여 박사학위를 받았으며, 문학에 대한 열망은 시인, 작가로서의 길을 걷게 했다.

저서로는 시집 〈시가전〉, 〈당신의 말이 들리기 시작했다〉와 소설 〈어머니의 전쟁〉, 에세이집 〈언젠가는 엄마에게〉, 〈담다 그리고 닮다〉, 〈곁에 두고 읽는 손자병법〉, 〈남편의 반성문〉 등이 있다. 부경대, 숭실대 법과대학 강사를 역임했다.